本書の特色と使い方

この本は，国語の読解問題《どっかいもんだい》を集中的《しゅうちゅうてき》に学習《がくしゅう》できる画期《かっき》的な問題集です。苦手《にがて》な人も，さらに力をのばしたい人も，1日1単元《たんげん》ずつ学習すれば30日間でマスターできます。

① 「パターン別《べつ》」と「ジャンル別」トレーニングで読解力を強化《きょうか》する

「こそあど言葉《ことば》」や「つなぎ言葉」などを問《と》うパターン別問題に取《と》り組んだあとは，物語《ものがたり》，説明《せつめい》文《ぶん》などのジャンル別問題にチャレンジします。さまざまな問題に慣《な》れることで，確《たし》かな読解力が身《み》につきます。

② 反復《はんぷく》トレーニングで確実《かくじつ》に力をつける

数単元ごとに習熟度確認《しゅうじゅくどかくにん》のための「**まとめテスト**」を設《もう》けています。解《と》けない問題があれば，前の単元にもどって復習《ふくしゅう》しましょう。

③ 自分のレベルに合った学習が可能《かのう》な進級式《しんきゅうしき》

学年とは別の級別構成《こうせい》（12級～1級）になっています。「**進級テスト**」で実力《じつりょく》を判定《はんてい》し，選《えら》んだ級が難《むずか》しいと感《かん》じた人は前の級にもどり，力のある人はどんどん上の級にチャレンジしましょう。

④ 巻末《かんまつ》の「答え」で解き方をくわしく解説《かいせつ》

問題を解き終《お》わったら，巻末の「**答え**」で答え合わせをしましょう。「**考え方**」で，特《とく》に重要《じゅうよう》なことがらは「**チェックポイント**」にまとめてあるので，十分に理解しながら学習を進《すす》めることができます。

読解力 8級

1日	言葉の意味	2
2日	こそあど言葉 (1)	4
3日	こそあど言葉 (2)	6
4日	つなぎ言葉 (1)	8
5日	つなぎ言葉 (2)	10
6日	まとめテスト (1)	12
7日	場面をつかむ	14
8日	話題を読み取る	16
9日	理由を考える (1)	18
10日	理由を考える (2)	20
11日	気持ちを読み取る (1)	22
12日	気持ちを読み取る (2)	24
13日	せいかくを読み取る	26
14日	まとめテスト (2)	28
15日	主題を読み取る (1)	30
16日	主題を読み取る (2)	32
17日	要点をつかむ (1)	34
18日	要点をつかむ (2)	36
19日	まとめテスト (3)	38
20日	物語を読む (1)	40
21日	物語を読む (2)	42
22日	物語を読む (3)	44
23日	まとめテスト (4)	46
24日	説明文を読む (1)	48
25日	説明文を読む (2)	50
26日	説明文を読む (3)	52
27日	まとめテスト (5)	54
28日	詩を読む (1)	56
29日	詩を読む (2)	58
30日	まとめテスト (6)	60
	進級テスト	62
	答え	65～79

本書に関する最新情報は，当社ホームページにある本書の「サポート情報」をご覧ください。（開設していない場合もございます。）

答えは65ページ

月　日

1 次《つぎ》の文章《ぶんしょう》を読んで、あとの問《と》いに答えなさい。

五月、つるばら村は、①みずみずしい若葉《わかば》につつまれていました。

＊ひまわり洋品店《ようひんてん》の小さなショーウインドーには、少女向《む》けの、うすいピンクのブラウスがかざってありました。

ある日のこと、日がくれてから、ひとのよさそうな若者《わかもの》がやってきて、こんなことをいいました。

「あのう、お客《きゃく》じゃないんです。こちらに、ぼくのつくったブローチをおいてもらえませんか。」

若者が、持《も》ってきた箱《はこ》を②あけると、なかには、ほんものそっくりの木《こ》の葉《は》のブローチが、箱いっぱいにはいっていました。

どれも、葉《は》っぱのかたちや、緑《みどり》の色のかげんが、びみょうにちがいます。

□、③いまの季節《きせつ》の山の木の葉を箱につめたようです。

(1) ――①「みずみずしい」の言葉《ことば》の意味《いみ》を次からえらび、記号《きごう》で答えなさい。

ア 日があたって、まぶしい。
イ つやがあって、わかわかしい。
ウ 水にぬれて、やわらかい。
エ しっかりとして、力強い。

（　　）

(2) ――②「あける」には、多くの意味があります。ここでの意味を考えて、次の文の中から同じ意味で使《つか》われているものをえらび、記号で答えなさい。

ア まもなく夜があける。
イ コップの中の水をあける。
ウ しずかに戸をあける。
エ 旅行《りょこう》で家をあける。

（　　）

(3) 文中の□にあてはまる言葉を次からえらび、記号で答えなさい。

「わあ、ブローチといわれなければ、ほんものの木の葉とまちがえてしまいそう。」

はるかさんが、感心《かんしん》すると、若者は、気をよくしていいました。

「ブローチの色は、これから、どんどんかわって、秋までたのしめますよ。」

「え？」

若者は、こっそりといいました。

「緑色《みどりいろ》が、夏にむかって、しだいにこくなります。それから、秋がちかづくと、こんどは、紅葉《こうよう》します。」

「なんですって？　じゃあ、まるで、ほんものの木の葉みたいじゃない。」

④はるかさんが、びっくりすると、若者は、⑤ほくほくした顔をしました。

（茂市久美子《もいちくみこ》「つるばら村の洋服屋《ようふくや》さん」）

＊ひまわり洋品店＝つるばら村にある小さなお店で、林はるかさんがきりもりをしている。

ア　たぶん　　イ　ぜひ　　ウ　まるで
エ　もし　　オ　けっして　　（　　）

ヒント「〜ようです」の言い方に注目《ちゅうもく》しよう。

(4) ――③「いまの季節」とありますが、いつごろの季節ですか。その季節がはっきりとわかる言葉を文中からさがし、漢字《かんじ》二字で書きなさい。

□□

(5) ――④「はるかさんが、びっくりすると」とありますが、なぜびっくりしたのですか。（　）㋐〜㋒にあてはまる言葉を、文中からさがして書きなさい。

ブローチの色が、ほんものの（㋐）みたいに、夏にむかって、（㋑）がこくなっていき、秋がちかづくと、（㋒）すると言われたから。

㋐（　　）　㋑（　　）　㋒（　　）

(6) ――⑤「ほくほくした顔」とは、どんな顔の表情《ひょうじょう》だと思いますか。七字以内《いない》で書きなさい。

□□□□□□□顔の表情。

2日

こそあど言葉《ことば》(1)

↓答えは65ページ

月　日

1 **次《つぎ》の文章《ぶんしょう》を読んで、あとの問《と》いに答えなさい。**

タケシが、うしろにまわって、いきなりサトウくんのほっぺたに、つめたいじぶんの手をあてると、

「ヒャッ！」

と、サトウくんはとびあがりました。

「つめたいはずだよ。三度《さんど》だもの」

「なにが三度だい！」

サトウくんは、おこって、タケシにとびかかってきました。そこで、ふたりがしばらく、レスリングみたいなことをしていると、始業《しぎょう》のベルがなりました。

先生がはいってきて、いつものように出席《しゅっせき》をしらべました。マツモトくんと、タカハシくんと、クボタさんがけっ席《せき》でした。

①（きょうは三度だから、三人やすんだのかしらん）

ふっと、②そんなことを、タケシはおもいました。

出席のしらべがすむと、先生は、このまえのしけんの答案《とうあん》を、かえしてくださいました。そのタケシ

(1) ——①「きょうは三度だから」とありますが、ここでは何が三度なのですか。次からえらび、記号《きごう》で答えなさい。

ア　けんか　　イ　温度《おんど》

ウ　ベル　　エ　けっ席

（　　）

(2) ——②「そんなこと」は、何を指《さ》していますか。文中からぬき出して答えなさい（符号《ふごう》をふくむ）。

（　　　　　）

ヒント 前の文や言葉《ことば》に注目《ちゅうもく》しよう。

(3) ——③「タケシは、なんだか……ふしぎな気がしました」とありますが、それはなぜですか。次の（　）㋐～㋓にあてはまる言葉を書きなさい。

きょうの（　㋐　）が三度で、学校をやすんだ人が（　㋑　）、そのうえに、タケシのしけんの（　㋒　）も

の答案には、大きく赤エンピツで3とかいてありました。

タケシは、なんだか、その赤い字の3が、とって③(あれっ、こいつも、やっぱり3だな)

もふしぎな気がしました。

ところが、三のふしぎは、まだつづきました。

先生が一時間のうちに大きなハクションをしたのが三かい。理科の時間に、いたずらをしてしかられた生徒《せいと》が三人。

エンピツのシンがおれたのが三かい。

けしゴムがつくえからコロコロころがりおちたのが [あ]。

やすみ時間にスモウをして、タケシがかちぬいたのも [い] でした。

「まったくへんな日だなあ。なんでも三だもん」

と、おもわずタケシは、ひとりごとをいってしまいました。

サトウくんが、④それをきいて、

「なにいってんだい?」

と、いいましたが、タケシは、ただ、クックッと、わらってばかりいました。

(大石《おおいし》 真《まこと》「へんな一日」)

3で、(㋓)ばかりがつづいたから。

㋐(　　) ㋑(　　)

㋒(　　) ㋓(　　)

(4) [あ]・[い]にあてはまる言葉を、文中からそれぞれ三字以内《いない》でぬき出しなさい。

㋐ [　　　] ㋑ [　　　]

(5) ――④「それ」は、何を指していますか。文中の言葉を使《つか》って書きなさい。

(　　　　)

(6) 次のア〜カの言葉は文中に出てきますが、この中から「こそあど言葉」を二つさがし、記号で答えなさい。

ア そこで　イ この　ウ ところが

エ その　オ まだ　カ まったく

(　　)(　　)

月　日

1 **次《つぎ》の文章《ぶんしょう》を読んで、あとの問《と》いに答えなさい。**

▼市場《いちば》のほうに歩いていくと、豆《まめ》のようなものとか、強いにおいのあるつぶのようなものとかならんでいました。その中にきいろの山があったのです。①これがカレー粉《こ》にちがいない。そう思って、お店の人に聞いてみました。▲　すると、

「ちがう、ちがう、インドにカレー粉なんてないよ」

インドにカレー粉がないなんておかしいなあ。

「これはターメリックといってね、カレー料理《りょうり》にきいろをつけるものなのよ」と、買いものにきていたジャインさんが話してくれました。でも、きいろのもとがあるのにカレー粉がないというのはふしぎです。ジャインさんの家で、カレー料理をつくってみせてくれるというので、家におじゃますることにしました。

ジャインさんが家に着《つ》いて最初《さいしょ》にはじめたことは、買ってきたばかりの赤いトウガラシや、茶いろやク

↓答えは66ページ

(1) 「これ」「それ」「あれ」「どれ」などの「こそあど言葉《ことば》」は、何かを指《さ》ししめす言葉です。――①「これ」は、文中の何を指ししめしていますか。五字でぬき出しなさい。

□□□□□

ヒント すぐ前の文に注目《ちゅうもく》しよう。

(2) 文中の▼と▲の間に、「これ」以外《いがい》にも、「こそあど言葉」が二つあります。さがして、ぬき出しなさい。

（　　　）（　　　）

(3) 場所《ばしょ》などを指ししめす「こそあど言葉」もあります。次の（　）にあてはまる言葉を書きなさい。

ここ・（　　　）・あそこ・（　　　）

リームいろのつぶをすりつぶすことでした。

　トウガラシやほかのいろいろなつぶは②スパイス(香辛料《こうしんりょう》)といいます。粉として売っているものもありますが、家でつぶしてつかったほうがかおりがよいのです。

　スパイスは、料理にかおりやからさ、いろなどをつけるもとです。ニンニクやショウガ、コショウも③そのなかまです。クッキーやハンバーグを食べていて、たまごやミルクや肉などとはちがう、ほろにがいかおりを感《かん》じるのは、ナツメグやカルダモンというスパイスがはいっているからなのです。

　ぼくたちがカレー粉とよんでいるものにはいろいろのスパイスがまぜあわせてあります。ターメリックもそのひとつです。インドにカレー粉がなかったというのは、自分の家でそれぞれスパイスをすりつぶしてつくっていたからなのです。インドのカレー料理でいちばんたいせつなことは、このスパイスづくりです。


(森枝卓士《もりえだたかし》「カレーライスがやってきた」)

(4) ――②「スパイス(香辛料)」とは、㋐料理にとってどんなものですか。また、㋑トウガラシ以外に、具体的《ぐたいてき》な物《もの》がいくつあげられていますか。漢数字《かんすうじ》で答えなさい。

㋐（　　　　）

㋑（　）つ

(5) ――③「そのなかま」とは、何のなかまということですか。あてはまる四字の言葉を書きなさい。

□□□□のなかま

(6) 〰〰「インドにカレー粉がない」理由《りゆう》をまとめて書いている文をさがし、はじめと終《お》わりの五字を答えなさい(句読点《くとうてん》をふくむ)。

□□□□□～□□□□□

つなぎ言葉《ことば》(1)

答えは66ページ

1 次《つぎ》の文章《ぶんしょう》を読んで、あとの問《と》いに答えなさい。

ぼくら、四年三組の六人は、学校からにげたウサギをつかまえるために、みんなで力をあわせてがんばっているが、なかなかつかまえられない。

「そこのウサギ、むだなていこうはやめて、おとなしくこちらにでてきなさい。」

達《たっ》ちゃんは小さい声で、ばかなことをいっている。と、ウサギは、ぼくのほうにやってきた。

「おい、恭《きょう》、いってるぞ。」

「わかってるって。」

ぼくは、つばをごくりとのみこんだ。

ウサギは、目のまえ五十センチのところにいる。

㋐、こちらをむいて。「かまないかな」といった伸次《しんじ》の気分が、きゅうにわかった。

㋑、なにもしないというわけにはいかない。

あとで達ちゃんになにをいわれるかわからない。

ぼくは、不自然《ふしぜん》なしせいのまま、ゆっくり手をの

(1) 文中の［　］㋐～㋒には、つなぎ言葉《ことば》が入ります。これについて、次の問いに答えなさい。

① ［　］にあてはまる言葉を次からえらび、記号《きごう》で答えなさい。

ア つまり　イ すると
ウ しかし　エ しかも

㋐（　）㋑（　）㋒（　）

ヒント 前とあとのつながり方を考えよう。

② ［　］㋐～㋒の前後の文は、それぞれどういう関《かん》係《けい》でつながっていますか。次からえらび、記号で答えなさい。

ア 前とあとは反対《はんたい》の内容《ないよう》になる。
イ 前が原因《げんいん》や理由《りゆう》で、あとがその結果《けっか》になる。
ウ 前の事《こと》がらにあとの事がらをつけくわえる。
エ 前の事がらをあとで説明《せつめい》している。

㋐（　）㋑（　）㋒（　）

ばしかけた。㋒、うれしいじゃないか、ウサギは達ちゃんのほうへ移動《いどう》した。

「達ちゃん、いったよ。」

「わかってらァ。」

達ちゃんの手が、さっとうごいた。そのとたん、ウサギはぼうをとびこして、プレハブのまんなかにもどってしまった。

「くっそォ――。」

ざんねんがる達ちゃんに、どうなったかわかっているはずの山田がたずねた。

「つかまえた?」

達ちゃんはおきあがって、にぎった手をひらいた。

「つかまえたよ。しりの毛を二十本ほどな。」

「かわいそうなこと、しないでよ。」

と、のんこがいった。

そのあと、ぼくらは二度《にど》、おなじようにやってみた。けれどウサギは、しりの毛をむしられるほどちかくにくるまでに、ぼうをとびこえるようになってしまった。


(岡田《おかだ》　淳《じゅん》「学校ウサギをつかまえろ」)

(2) 文中に、「ぼく」のとてもきんちょうしている様子《ようす》がわかる文があります。それをさがして、ぬき出しなさい。

(　　　　)

(3) ――「うれしいじゃないか」とありますが、どうして、ウサギが達ちゃんのほうへ移動したことが、「ぼく」はうれしかったのですか。次からえらび、記号で答えなさい。

ア　達ちゃんと二人で、うまくウサギをつかまえることができると思ったから。
イ　達ちゃんのほうが、ウサギをつかまえるのがうまいと思ったから。
ウ　ウサギにかまれるのはこわいが、何もしないわけにはいかないと、まよっていたから。

(　　)

(4) この場面《ばめん》で、ウサギをつかまえるために、いちばんがんばっているのはだれですか。その人の名前を、四字以内《いない》でぬき出しなさい。

□□□□

5日 つなぎ言《こと》葉《ば》(2)

1 **次《つぎ》の文章《ぶんしょう》を読んで、あとの問《と》いに答えなさい。**

じゅくしたドングリは、自分の重《おも》みで落《お》ちますが、歌のように「ころころ」ころがってゆくことは、めったにないようです。

山の、草の生えていない坂道《さかみち》に落ちれば、ころがってゆきます。[ア]、たいていは、草むらや、やぶの中にポトンと落ちて、そこでとまってしまいます。

木や草の実《み》は、どれもみな、たねをできるだけ遠くへちらすしくみをもっています。

赤やむらさき、黄色など、あざやかな色をした実は、鳥に食べられて、たねが運《はこ》ばれます。

実の一部《いちぶ》が、かぎやとげになったものは、動物《どうぶつ》にくっついて、ヒッチハイク*をします。

羽毛《うもう》やつばさをもった実のたねは、風にのって、ちってゆきます。

[イ]、ドングリやコスモス、マツヨイグサなどのように、「落ちる」だけの実やたねは、遠くへちっ

↓答えは67ページ

(1) [ア]には、文中に使《つか》われているものと同じつなぎ言《こと》葉《ば》が入ります。三字の言葉をぬき出しなさい。

(2) [イ]〜[エ]にあてはまるつなぎ言葉を次からえらび、記号《きごう》で答えなさい。

ア そして　イ それとも　ウ さて
エ つまり　オ ところが　カ また

イ(　　)　ウ(　　)　エ(　　)

ヒント 段落《だんらく》と段落とのつながり方をとらえよう。

(3) ――「木や草の実は……遠くへちらすしくみをもっています」とありますが、その具体的《ぐたいてき》なれいをまとめます。次の(　)あ〜おにあてはまる言葉を、文中からさがして書きなさい。

① あざやかな色をした実は、(あ)に食べられて、(い)が運ばれる。

② (う)の一部が、かぎやとげになったものは、

月　日

てゆくことはできず、親植物《おやしょくぶつ》の近くへ落ちることが多いのです。そのため、たねが「落ちる」植物は、一か所《しょ》にまとまって生えて、大きな群《む》れをつくります。

ウ、つぎは群れのまわりに生えている植物が、群れの外にたねを落とします。こうして、たねが「落ちる」植物は、群れをひろげていきます。

しかし、この「落ちる」だけの実やたねも、高いくきや枝《えだ》から落ちるとか、細くて風にゆれやすいくきや枝から落ちるといった方法《ほうほう》で、できるだけ、遠く落ちるしくみになっています。

強い風がふいて、大きくゆれた枝にはじきとばされて、三十メートルも飛《と》んでいったドングリを、わたしはみたことがあります。

エ、落ちたドングリが、雨に流《なが》されて、ずいぶん遠くまで運ばれていったのをみたこともあります。

（埴《はに》　沙萠《しゃぼう》「ドングリ」〈あかね書房刊〉）

＊ヒッチハイク＝通りがかりの自動車《じどうしゃ》に乗《の》せてもらいながら、ただで目的地《もくてきち》まで行く旅行《りょこう》。

（ え ）にくっついて、たねが運ばれる。

③羽毛やつばさをもった実のたねは、（ お ）にのって、ちってゆく。

あ（　　　）　い（　　　）　う（　　　）

え（　　　）　お（　　　）

(4) 「ドングリやコスモス……『落ちる』だけの実やたね」は、どうなりますか。次の（　）あ〜えにあてはまる言葉を、文中からさがして書きなさい。

（ あ ）へちってゆくことはできず、（ い ）の近くへ落ちることが多い。そのため、（ う ）にまとまって生えて、大きな（ え ）をつくって、次々その群れをひろげていく。

あ（　　　）　い（　　　）　う（　　　）

え（　　　）

(5) 「『落ちる』だけの実やたね」は、どういう方法で、できるだけ遠くへ落ちるしくみになっていますか。文中からぬき出しなさい。

（　　　）

6日 まとめテスト (1)

月　日

時間 20分 【はやい15分・おそい25分】

合格 80点

得点　　点

⬇答えは67ページ

1 次《つぎ》の文章《ぶんしょう》を読んで、あとの問《と》いに答えなさい。

「ぼくたちは、わりません」

「じゃあ、だれが、わったというのだね」

「……………」

「ふしぎじゃないか。あのショーウインドーの前には、きみたちのほかには、だれもいなかった。しかも、きみはこのピストルをもっていた。ちょっと、かしてごらん。ほら、こいつは10メートルもたまのとぶ、危険《きけん》なピストルだよ。おじさんは、ちゃんとしっているんだ……」

「ちがうよ、ちがうったら。これで、うちなんかしないよ……」

明《あきら》が、泣《な》きそうな声で、さけんだ。

だが、①おとなたちは、頭から、ふたりを犯人《はんにん》だと信《しん》じこんでいるようだった。

「わらないなら、なぜ、にげようとしたんだ」と、店員《てんいん》が、いった。

(1) ——①「おとなたちは……信じこんでいるようだった」とありますが、どんなことを理由《りゆう》に、ふたりが犯人だと信じこんでいるのですか。それがわかるところを、おとなたちの発言《はつげん》の中からさがし、はじめと終《お》わりの五字を答えなさい（句読点《くとうてん》をふくむ）。（15点）

□□□□□ ～ □□□□□

(2) ——②「それ」は何を指《さ》していますか。文中の言葉《ことば》を使《つか》って書きなさい。（20点）

（　　　　）

(3) ——③「そんなことをいったって、おとなたちがわかってくれるはずはない……」について、次の問いに答えなさい。（15点×2—30点）

① 「そんなこと」が指している内容《ないよう》をさがし、はじめと終わりの五字を答えなさい（句読点をふくむ）。

□□□□□ ～ □□□□□

「そうだとも。わるいことしないなら、にげる必要《ひつよう》はないはずだ」

と、支配人《しはいにん》が、いった。

光一《こういち》ののどがゴクリとなった。②それにたいして、なにかをいわなくてはならなかった。だが、それを、うまく、ことばであらわすことはできなかった。

ぼくたちは、あのチョコレートの城《しろ》がたべたかった。すると、そのとき、とつぜん、ショーウインドーがわれて、チョコレートの城が、こちらにやってくるようなきもちがした。それで、びっくりして、ぼくたちは、あわてて、にげだそうとしたのだ。だが、③そんなことをいったって、おとなたちがわかってくれるはずはない……。

「正直にいいたまえ」

とつぜん、④支配人の声が、するどくなった。

「正直にいわないと、ひどいめにあうぞ。やりました、というんだ」

光一と明は、だまって、支配人の顔をにらみつけた。

「なぜ、だまっているんだ」

［　］、ふたりは口をきかなかった。

（大石《おおいし》　真《まこと》「チョコレート戦争《せんそう》」）

② なぜ、「おとなたちがわかってくれるはずはない」と思ったのですか。次からえらび、記号《きごう》で答えなさい。

ア　ふたりのことをうそつきだと思っているおとなたちには、何を言ってもむだなようだったから。

イ　自分たちにおこったできごとを、うまく言葉に表《あらわ》すことができそうになかったから。

ウ　いくら話しても、おとなたちは、子どもの言うことを信じそうになかったから。

（　　）

(4) ――④「支配人の声が、するどくなった」とありますが、なぜ、するどくなったのですか。文中の言葉を使って書きなさい。（20点）

（　　）

(5) 文中の［　］にあてはまるつなぎ言葉を次からえらび、記号で答えなさい。（15点）

ア　だから　　イ　そして

ウ　それでも　　エ　ところで

（　　）

1 次《つぎ》の文章《ぶんしょう》を読んで、あとの問《と》いに答えなさい。

はっきりしたりゆうは、太一《たいち》にも、ほかのみんなにもない。けれど、①渡辺《わたなべ》さん一家が昨年《さくねん》くれにひっこしてから、なんとなくこの*ゲレンデは、人気がなくなった。

クスノキの下の雪は、春風がまいあげた土ぼこりで、うす黒くよごれている。

やせていくにしたがって、雪は岩石のようにかたくこおっていく。いつもの年もおそくまでのこっているが、太一には今年はとくべつなような気がした。

渡辺さんの家だけではなくて、村では生活がなりたたなくなって、町や都会《とかい》に出ていった家が、なんげんもある。

やねの上にも庭《にわ》にも、やはりそこは雪がいつまでものこっていて、春のおとずれがおそいような気分にさせられた。

⬇答えは68ページ

(1) この文章は、一行空きのあと（▼部分《ぶぶん》）から、場面《ばめん》が大きくかわっていますが、季節《きせつ》はいつごろからいつごろへとうつりかわっていますか。次からえらび、記号《きごう》で答えなさい。

ア 春のはじめから終《お》わりごろへ
イ 夏のはじめから終わりごろへ
ウ 秋のはじめから終わりごろへ
エ 冬のはじめから終わりごろへ

（　　）

ヒント 季節の様子《ようす》や風物《ふうぶつ》を表す言葉《ことば》に注目《ちゅうもく》しよう。

(2) 雪の様子をべつのものにたとえている表現《ひょうげん》を、この文章の前半からさがし、六字でぬき出しなさい。

□□□□□□

月　　日

▼クスノキの下の黒い雪もすっかりとけて、サクラの花がちりはじめたころ、一年生になったばかりの直人《なおと》が、ハアハアいいながら、家のなかにかけこんできた。

「にいちゃんにいちゃん、あながあるぞ。あな、みつけたぞ。」

ぼうずあたまの下の②目をくりくりさせて、つばをごくんとのみこんだ。

「なんだ、あなぐらいで。それがどうした。」

③太一は三年生なので、すこしもおどろかないというへんじをしてみせた。

「渡辺さんのうらに、あながあるんだよ。なにかがいるんだよ。」

「なにかって、なんだ。」

「わがんねよ。んだからおしえにきたんだべ。」

「よし、いって、おれがみてやる。」

直人にかいちゅうでんとうをとってこさせ、それをとりあげると、太一は渡辺さんの家にむかってかけだした。

（最上一平《もがみいっぺい》「あな」）

＊このゲレンデ＝ソリですべったりした、家のうらのさかみちなどを「ゲレンデ」と表《あらわ》している。

(3) ――①「渡辺さん一家が昨年くれにひっこして」とありますが、なぜひっこしたのですか。その理由《りゆう》がわかるところを二十六字でぬき出し、はじめと終わりの五字を答えなさい。

□□□□□～□□□□□

(4) ――②「目をくりくりさせて、つばをごくんとのみこんだ」とありますが、これは直人のどんな様子を表していますか。次からえらび、記号で答えなさい。

ア　うれしくてたまらない様子。
イ　こわくてたまらない様子。
ウ　おどろき、こうふんしている様子。
エ　とてもふしぎで、しんじられないという様子。

（　　）

(5) ――③「太一は三年生なので」とありますが、直人より年上の「三年生」らしいものの言い方をしている言葉をこのあとからさがし、一行でぬき出しなさい。

（　　）

8日

話題《わだい》を読み取《と》る

⬇答えは68ページ

月／日

1 **次《つぎ》の文章《ぶんしょう》を読んで、あとの問《と》いに答えなさい。**

実際《じっさい》の太陽《たいよう》は、ガリレオ*が考えたとおり、ボールのような形をしています。①その太陽は、どのようにして光っているのでしょうか？　そもそも、なにからできているのでしょうか？

じつは、太陽は宇宙《うちゅう》をただよっていたガスが集《あつ》まったものです。おもに水素《すいそ》ガスが集まって、ボールのような形になりました。

みなさんは、「おしくらまんじゅう」をしたことがありますか？　「おしくらまんじゅう、おされて泣《な》くな」といいながら、おたがいにおしあう遊《あそ》びで、やっていると体がだんだん暖《あたた》かくなりますね。

太陽も、②これと同じなのです。まるで「おしくらまんじゅう」のように、集まったガスの真《ま》ん中《なか》がぎゅうぎゅうになり、最初《さいしょ》は冷《つめ》たかった

(1) ――①「その太陽は……でしょうか？」というような、筆者《ひっしゃ》が読み手に問いかけている文がほかにもあります。これをふくめて、全部《ぜんぶ》でいくつありますか。漢数字《かんすうじ》で答えなさい。

（　　　）つ

ヒント 文末《ぶんまつ》の「？」の符号《ふごう》に注目《ちゅうもく》しよう。

(2) ――②「これ」とは何を指《さ》していますか。次からえらび、記号《きごう》で答えなさい。

ア　「おしくらまんじゅう」をすること。
イ　おたがいにおしあって遊ぶこと。
ウ　おしあっていると、体が暖かくなること。
エ　体が暖かくなり、あせが出ること。

（　　　）

(3) 「太陽」のことについて、次の問いに答えなさい。

ガスの温度《おんど》がどんどん高くなっていきました。

やがて、ガスの中心がとても高温《こうおん》になると、ガスがかがやきだします。太陽のたんじょうで、今から約《やく》四六億年《おくねん》も前のことです。

太陽の中心の温度は、なんと一五〇〇万度《まんど》もあります。ろうそくのほのおが約一四〇〇度、鉄《てつ》がどろどろにとける温度が約一五〇〇度なので、みなさんのまわりにある温度とはくらべものにならないほどの高温です。

では、太陽の表面《ひょうめん》の温度はどれくらいだと思いますか？　中心よりは低《ひく》いですが、それでもおよそ六〇〇〇度です。このような表面は、光《こう》球《きゅう》とよばれています。

（布施哲治《ふせてつはる》「地球《ちきゅう》が回っているって、ほんとう？」）

＊ガリレオ＝一五六四年、イタリア生まれ。物理学者《ぶつりがくしゃ》、天文学者《てんもんがくしゃ》。

① 太陽は、どんな形をしていますか。次の（㋐）にあてはまる言葉《ことば》を書きなさい。

ボールのような（㋐）形。

㋐（　　）

② 太陽は、何からできていますか。次の（㋑）・㋒にあてはまる言葉を書きなさい。

（㋑）をただよっていたガス、おもに（㋒）が集まってできている。

㋑（　　）　㋒（　　）

③ 太陽は、どのようにして光っているのですか。次の（㋓）にあてはまる言葉を書きなさい。

中心がとても高温で、（㋓）がかがやくようにして光っている。

㋓（　　）

④ ㋔太陽の中心の温度と、㋕太陽の表面の温度を、それぞれ答えなさい。

㋔（　　）

㋕（　　）

↓答えは68ページ

月　日

1 **次《つぎ》の文章《ぶんしょう》を読んで、あとの問《と》いに答えなさい。**

わたしたちのからだは、いつもあたたかいですね。からだが、熱《ねつ》をもっているからです。からだの熱のことを、「体温《たいおん》」といいます。

体温は、人それぞれに少しずつちがっていますが、ふつう、三十五度《ど》から三十八度のあいだぐらいです。そして、その人の体温は、夏でも冬でも、だいたいおなじです。でも、朝、おきたばかりのときと、昼ごはんを食べたあとの体温をはかってみると、ちがいがあります。昼ごはんを食べたあとは、すこし高くなります。［　　］、ふつう、朝おきたばかりのときにはかったものを、その人の平熱《へいねつ》といいます。

「熱がでる」というのは、平熱をこえて、体温が高くなることをいいます。ひどいときは、四十度いじょうになることもあります。

かぜをひいたり、病気《びょうき》になって熱がでるのは、からだが、かぜや病気のもとになる、ばい菌《きん》や*ウイル

(1) わたしたちのからだは、どうして、いつもあたたかいのですか。文中の言葉《ことば》を使《つか》って、十五字以内《いない》で書きなさい。

ヒント　理由をしめす、文末《ぶんまつ》の「からです」に注目《ちゅうもく》しよう。

(2) 人の体温は、ふつう、何度ぐらいですか。文中からぬき出しなさい。

（　　　　）

(3) 文中の［　　］にあてはまるつなぎ言葉を次からえらび、記号《きごう》で答えなさい。

ア　しかし　　イ　ですから
ウ　ところで　　エ　そして

（　　）

(4) かぜをひいたり、病気になって「熱がでる」のは、どうしてですか。文中の言葉を使って書きなさい。

スとたたかうためです。

　からだには、からだの中にしんにゅうしてきた、ばい菌やウイルスをころすしくみが、そなわっています。ふだんは、ウイルスやばい菌がふえて、おおあばれするまえにやっつけてしまうのですが、つかれていたり、ながい間むりをかさねたりすると、ウイルスやばい菌に、おおあばれされてしまうのです。からだは、いっしょうけんめいたたかいますが、そのとき熱がでます。

　熱がでたときには、うごいたりせずに、しずかにやすみます。からだをやすめれば、病気とのたたかいをたすけ、からだがもとにもどるのを、はやめることになります。

　体温計の目もりを見ると、四十二度までしかありません。つまり、どんなに熱がでても、四十二度をこす熱は、ほとんどでないのです。もしでたら、頭の中が熱でやられて、こわれてしまいます。


（久道健三《ひさみちけんぞう》「科学なぜどうして　三年生」）

＊ウイルス＝細菌《さいきん》より小さく、病気を起《お》こすもとになる生物《せいぶつ》。

（　　　　）

(5) どのようなときに、熱がでるのかを、次にまとめます。（　）㋐～㋕にあてはまる言葉を、文中からさがして書きなさい。

① からだには、（㋐）や（㋑）をころす（㋒）がそなわっている。ふだんは、それらをやっつけてしまう。

② しかし、つかれていたり、ながい間（㋓）をかさねたりすると、ウイルスやばい菌におおあばれされてしまい、（㋔）が、それらといっしょうけんめいたたかうときに、（㋕）がでる。

㋐（　　　　）　㋑（　　　　）

㋒（　　　　）　㋓（　　　　）

㋔（　　　　）　㋕（　　　　）

(6) わたしたちは、熱がでたときには、まず、どうすればよいのですか。文中の言葉を使って書きなさい。

（　　　　）

理《り》由《ゆう》を考える (2)

⬇答えは69ページ

1 次《つぎ》の文章《ぶんしょう》を読んで、あとの問《と》いに答えなさい。

ところで、カレーはインドだけではなく、もっと日本に近い東南アジアの国々、タイとかインドネシアにもありました。

［㋐］、こっちのカレーが日本と同じようなものなのかなと、食べ歩きをしながらしらべたのですが、やっぱり、カレー粉《こ》も、日本のカレーににたものもありませんでした。

いったいカレー粉のふるさとはどこなのだろう？

ずっと昔《むかし》から、①ヨーロッパの人々にとってもスパイスはたいせつなものでした。すこしいれるだけで料理《りょうり》をずっとおいしくしてしまうまほうのくすりだからです。それだけでなく、食べものが古くなってくさるのをふせいだりもするからなのです。

［㋑］、ほとんどのスパイスは、インドや東南アジアのように暑《あつ》い地域《ちいき》で育《そだ》ちます。スパイスは、そんな遠くからはこばれていたのですが、インドと

(1) 文中の［　］㋐・㋑にあてはまる言葉《ことば》を次からえらび、記号《きごう》で答えなさい。

ア しかし　　イ つまり

ウ では　　エ それとも

㋐（　　）　㋑（　　）

(2) ——①「ヨーロッパの人々にとってもスパイスはたいせつなものでした」とありますが、その理由《りゆう》を二つ、それぞれ二十五字以内《いない》で書きなさい。

月　日

ヨーロッパの途中《とちゅう》にあるアラブの国々が、その貿易《ぼうえき》をひとりじめにしたり、高い税金《ぜいきん》をかけたりしました。

そのため五〇〇年くらい前から、ヨーロッパの国々の商人《しょうにん》たちは、アラブをとおらないで、自分たちでインドへ行ける海路《かいろ》をさがすようになりました。そして、アフリカをぐるっとまわる海路をみつけたのです。こうして、②ヨーロッパの人々は自分たちの手でスパイスをはこんでこられるようになりました。

一九世紀《せいき》なかば、インドはイギリスの植民地《しょくみんち》＊になり、インドでくらすイギリス人もふえてきました。そして本国にもどったイギリス人によって、カレーもつたわっていったのです。といっても、スパイスをまぜあわせてカレーをつくることは、なれない人たちにはむずかしいことでした。そこで、はじめからスパイスがまぜあわせてあって、かんたんにカレーができるカレー粉が考えだされました。いまから一五〇年くらい前のイギリスでのことでした。

（森枝卓士《もりえだたかし》「カレーライスがやってきた」）

＊植民地＝本国におさめられている土地。

(3) ——②「ヨーロッパの人々は自分たちの手でスパイスをはこんで」とありますが、どこからはこんできたのですか。

（　　　　　）

(4) 〰〰「いったいカレー粉のふるさとはどこなのだろう？」と、筆者《ひっしゃ》は問いかけていますが、その答えとして合うものを次からえらび、記号で答えなさい。

ア カレー粉のふるさとは、多くのスパイスを使《つか》っていろいろなカレー料理をつくっているインドであった。

イ カレー粉のふるさとは、ほとんどのスパイスが育ち、今もよくカレーを食べている東南アジアの国であった。

ウ カレー粉のふるさとは、インドとヨーロッパの途中にあって、スパイスの貿易をひとりじめにしていたアラブの国だった。

エ カレー粉のふるさとは、インドから本国につたわったカレーを、かんたんにできるように考えだしたイギリスであった。

（　　）

ヒント 文章のさいごのほうに注目《ちゅうもく》しよう。

11日

気《き》持《も》ちを読み取《と》る (1)

1 次《つぎ》の文章《ぶんしょう》を読んで、あとの問《と》いに答えなさい。

耕太《こうた》は足で水をはじいた。小さなしぶきがあがる。

「ぼく、お母ちゃんと約束《やくそく》してるんや。お父ちゃんとは会わへんって。」

耕太のほおがちょっとふるえた。

青い空に、白い雲がうすくすじを引いて広がっている。二人はしばらく①口をつぐんだ。

「ぼくが明石《あかし》に行く言うたら、お母ちゃん、許《ゆる》してくれへんと思う。いくら、＊玉子焼《たまごや》き食べるだけや言うても。」

「そうか……。お父さんは明石にいるんやもんね。」

「そうやろ。だまって行くしかないやろ。」

「ふーん、それで、お母さんがおそくなる日のほうがいいってことかぁ。」
②耕太の気持《きも》ちがわかると、淳《じゅん》は心配《しんぱい》になってきた。
「どうしよ、うちのお母さん、電話するよ。」

耕太のお母さんにわかってしまったら、と考えた

⬇答えは69ページ

(1) ——①「口をつぐんだ」とありますが、「口をつぐむ」の意味《いみ》を次からえらび、記号《きごう》で答えなさい。
ア 言葉がすらすらと出る。
イ 言ってはならないことをうっかり言う。
ウ 口をむすんで、ものを言わない。
エ 口数が少ない。
（　　）

(2) ——②「耕太の気持ちがわかると」とありますが、耕太の気持ちとしてあてはまるものを次からえらび、記号で答えなさい。
ア お母さんと約束しているから、やはりお父さんのいる明石へは行けないよ。
イ 明石にいるお父さんに会いたいから、お母さんにはうそをついて、行くしかないよ。
ウ お母さんは、お父さんのいる明石に行くのを許してくれないから、だまって行くしかないよ。

月／日

だけで淳は息苦《いきぐる》しくなった。

　耕太も考えこんでしまった。

③もう少しで実現《じつげん》しようとしているのに、今さらなかったことになんかできない。きっといい考えが浮《う》かぶ。淳はじっと水面《すいめん》を見つめた。

　耕太がまた、足で水をはじいた。水面にうつっている青味《あおみ》がかった雲がちぎれた。

　淳の口からすらっと言葉《ことば》が出た。

「あっ、そうや。高杉君《たかすぎくん》がぼくのうちにあいさつに来たらいいんや。お母さんの代理《だいり》です、って。」

　耕太が④目をまん丸にした。

「それ、ええなぁ。」

（大野圭子《おおのけいこ》「お父ちゃんの音や！」）

＊玉子焼き＝兵庫県《ひょうごけん》明石市の名物《めいぶつ》の一つ。地元以外《いがい》では「明石焼き」ともよばれる。たこ焼きに形はにているが、おつゆにつけて食べる。まだ食べたことがない淳を、耕太が食べに連《つ》れて行く約束をしていた。

ヒント 会話文に注意《ちゅうい》して読もう。

(3) ――③「もう少しで実現しようとしている」とありますが、どんなことが実現しようとしているのですか。次からえらび、記号で答えなさい。

（　　）

ア 耕太といっしょに明石へ行って、耕太のお父さんに会うこと。

イ 耕太といっしょに明石へ行って、玉子焼きを食べること。

ウ 耕太のお母さんにうそをついて、明石に行くことを許してもらうこと。

（　　）

(4) ――④「目をまん丸にした」というのは、耕太のどんな気持ちの表《あらわ》れと思いますか。「気持ち。」につづくように、八字以内《いない》で書きなさい。

□□□□□□□□ 気持ち。

気《き》持《も》ちを読《よ》み取《と》る (2)

↓答えは70ページ

月　日

1 次《つぎ》の文章《ぶんしょう》を読んで、あとの問《と》いに答えなさい。

「ただいま。ああおもしろかった」

声は、いつものように陽気《ようき》だが、ひさしぶりの散《さん》歩《ぽ》からもどったもんしろちょうをみて、①池はどきりとした。（やはりあの風のせいか！）もんしろちょうのはねは、ところどころやぶれて、*けばだっている。しかし、もんしろちょうは、いつものように池にたずねた。

「きょうのあたしのようす、どう？」

「あ、ああ。……ようせいというのは、もしかするとあんたのことじゃないかとおもうほどだ」

「よかった。はねが重《おも》いから、どうしたのかとおもって。……このごろ目がよくみえなくて、はねがどうなっているか、わからないの」

「②……きらきらした、いいはねだ」

「ふふ。そう？　そうでしょ」

もんしろちょうがはねをうごかすと、かすかにギ

(1) この文章には、どんな登場人物《とうじょうじんぶつ》が出てきますか。文中から七字以内《いない》で二つぬき出しなさい。

(2) ――①「池はどきりとした」とありますが、どうしてどきりとしたのですか。文中の言葉《ことば》を使《つか》って書きなさい。

（　　　　　　　　）

ヒント 答えの文末《ぶんまつ》は「～から。」というようにむすぼう。

(3) ――②「……きらきらした、いいはねだ」とありますが、この言葉には、「池」のどのような気持《きも》ちがこめ

イ、と音がしたようだった。

「あんたはいつだってようせいさ。あしたも、朝のひかりのなかで、おどってくれなくちゃ」

「うん。またあした……ね」

もんしろちょうはゆっくり目をとじてねむった。

よく朝、この、おどりと冒険《ぼうけん》がすきだったちょうは死《し》んだ。草のあいだによこたわり、（あたしのようす、どう？）と問いかけるような口もとのまま死んだ。

草のあいだを風がふきぬけた。もんしろちょうは、ふわりと風にのり、池のうえにうかんだ。

（あんたは、きょうもきれいだよ。いつまでもきれいなようせいだよ）

池は、もんしろちょうをだきしめてゆすった。

とじたはねは、なみだのつぶのように、池のうえをすべった。

（工藤直子《くどうなおこ》「おいで、もんしろ蝶《ちょう》」）

＊けばだつ＝表面《ひょうめん》に細かく毛のようなものが立つ。

られていますか。次からえらび、記号《きごう》で答えなさい。

ア　ちょうのはねは少しいたんではいるが、前と同じようにほんとうに美《うつく》しいと、ほめる気持ち。

イ　はねはやぶれていて、前のようにきれいでないが、なんとかちょうをはげましたいという気持ち。

ウ　自分のはねをいつもじまんするちょうをいやだと感《かん》じているが、うそでもほめようとする気持ち。

（　　）

(4) わかくて元気だったころのもんしろちょうは、どんなちょうでしたか。それがわかるところを、文中から十二字でぬき出しなさい。

(5) 元気に生きてしずかに死んでいったちょうに対《たい》する「池」の、やさしい気持ちがそのまま表《あらわ》れているところをさがし、はじめと終《お》わりの五字を答えなさい（符《ふ》号《ごう》をふくむ）。

〜

せいかくを読み取《と》る

月　日

1 **次《つぎ》の文章《ぶんしょう》を読んで、あとの問《と》いに答えなさい。**

トットちゃんは、このとき、まだ時計が読めなかったんだけど、それでも長い時間、と思ったくらいなんだから、もし読めたら、ビックリしたにちがいない。そして、①もっと先生に感謝《かんしゃ》したにちがいない。というのは、トットちゃんとママが学校に着《つ》いたのが八時で、校長室で全部《ぜんぶ》の話が終《お》わって、トットちゃんが、この学校の生徒《せいと》になった、と決《き》まったとき、先生がかいちゅう時計を見て、「ああ、お弁当《べんとう》の時間だな。」といったから、つまり、たっぷり四時間、先生は、トットちゃんの話を聞いてくれたことになるのだった。

②あとにも先にも、トットちゃんの話を、こんなにちゃんと聞いてくれた大人は、いなかった。

それにしても、まだ小学校一年生になったばかりのトットちゃんが、四時間も、ひとりでしゃべるぶんの話があったことは、ママや、前の学校の先生が

⬇答えは70ページ

(1) ——①「もっと先生に感謝したにちがいない」とありますが、なぜ、トットちゃんは、先生にもっと感謝したにちがいないのですか。文中の言葉《ことば》を使《つか》って書きなさい。

（　　　　）

ヒント 理由《りゆう》をのべるときの言葉に注目《ちゅうもく》しよう。

(2) ——②「あとにも先にも……聞いてくれた大人は、いなかった」とありますが、この校長先生はどんな考え方の人だと思われますか。次からえらび、記号《きごう》で答えなさい。

ア 子どもたちが、自分の考えをしっかりと言えるようになることを大事《だいじ》にしている。

イ 子どもたちに向《む》き合って、その話をじっくり聞いてあげることを大事にしている。

ウ 子どもたちの話はいちおうは聞くが、何よりも勉《べん》

聞いたら、きっと、びっくりするにちがいないことだった。

このとき、トットちゃんは、まだ*退学《たいがく》のことはもちろん、まわりの大人が、手こずってることも、気がついていなかったし、もともと性格《せいかく》も陽気《ようき》で、忘《わす》れっぽいタチだったから、むじゃきに見えた。でも、トットちゃんの中のどこかに、なんとなく、*そがい感《かん》のような、ほかの子どもとちがって、ひとりだけ、ちょっと、冷《つめ》たい目で見られているようなものを、おぼろげには感《かん》じていた。それが、この校長先生といると、安心《あんしん》で、あたたかくて、気持《きも》ちがよかった。

（この人となら、ずーっといっしょにいてもいい。）

これが、校長先生、小林宗作《こばやしそうさく》氏《し》に、初《はじ》めてあった日、トットちゃんが感じた、感想《かんそう》だった。そして、ありがたいことに、校長先生も、トットちゃんと、同じ感想を、そのとき、持《も》っていたのだった。

（黒柳徹子《くろやなぎてつこ》「窓《まど》ぎわのトットちゃん」）

*退学のこと＝トットちゃんは、前の学校を小学一年生なのにやめさせられていた。

*そがい感＝よそよそしくされて、のけものにされている感じ。

強《きょう》が大事だと考えている。　（　　）

(3) トットちゃんは、話をするのがすきなようですが、どんなせいかくの女の子ですか。文中から十八字でぬき出しなさい。

(4) トットちゃんは、この校長先生に会ってどのように感じていますか。次の（　）㋐〜㋓にあてはまる言葉を、文中からさがして書きなさい。

トットちゃんは、ほかの（　㋐　）とちがって、ひとりだけ、（　㋑　）で見られていると少し感じていたが、この校長先生といると、（　㋒　）で、あたたかくて、気持ちがよかったから、この（　㋓　）とずっといっしょにいてもよいと感じている。

㋐（　　　）　㋑（　　　）

㋒（　　　）　㋓（　　　）

月　日

時間 20分 [はやい15分・おそい25分]
合格 80点
得点　点

↓答えは70ページ

1 次《つぎ》の文章《ぶんしょう》を読んで、あとの問《と》いに答えなさい。

「ただいまあ!」

花子は、大きな声でお母さんに声をかけて、台所《だいどころ》のガラス戸を、ガラガラと開《あ》けました。

と、いままで(ア)して、歩くのがせいいっぱいという様子《ようす》で、ついてきたその犬は、花子の横《よこ》を(イ)すりぬけて、すばやく、ほんとにすばやく、台所の土間《どま》に、すべりこみました。

あまりのすばやさに、

「まあ!」

花子は、①大きく目を見ひらいて、そのきたない犬を見つめました。

犬は、台所のすみで、頭もしっぽも、(ウ)土間にくっつけて、からだを丸くして、土間にしがみつくようにして、じっとしているのです。

そして、ときどき、横目《よこめ》を使《つか》って、花子のほうを見あげるのです。

(1) 文中の(　)ア〜ウにあてはまる言葉《ことば》を次からえらび、記号《きごう》で答えなさい。(10点×3—30点)

ア とことこと　イ ぴたっと
ウ よたよた　エ するっと

ア(　)　イ(　)　ウ(　)

(2) ——①「大きく目を見ひらいて」というのは、花子のどんな様子を表《あらわ》していますか。次からえらび、記号で答えなさい。(10点)

ア あやしいと思って、よく気をつけて見る様子。
イ おこって、目を大きく見ひらく様子。
ウ びっくりして、目を大きく見ひらく様子。
エ うれしいと思って、ほほえむ様子。

(　)

(3) 文中の□にあてはまる言葉を文中からさがし、漢字《かんじ》一字で書きなさい。(10点)

□

「まあ、きたない犬。こんなの、どこから連《つ》れてきたの」

と、お母さんは、□をしかめていいました。

「連れてきたのではないの。ついてきたの」

お母さんに、しかられはしないかと、花子は、ドキドキしながらいいました。

お母さんと花子が、話している間じゅう、この犬は、耳をぴくぴくこまかく動《うご》かしながら、横目でじっと、花子とお母さんのほうを、見つめているのです。

②この犬は追《お》いだされはしないかと心配《しんぱい》しながら、二人の様子をうかがっているようでした。

いままでに、いく度《ど》も助《たす》けをもとめていった家から、追いだされたことがあるのかもしれません。

③「ほんとに、ほんとに、かわいそうな犬」

と、花子は思いました。

「ね、パンを、やってもいいでしょう」

お母さんは、しぶい顔をしました。けれど、なにもいわずに、顔だけをたてに動かして、花子のいうことを聞いてくれました。

（椋《むく》 鳩十《はとじゅう》「弱い犬」）

(4) ――②「この犬は……様子をうかがっているようでした」とありますが、犬がこのような動きをしていることがわかる文がほかにも二つあります。それをさがし、はじめの五字を答えなさい（句読点《くとうてん》をふくむ）。（10点×2―20点）

(5) ――③「ほんとに……かわいそうな犬」とありますが、花子は、どうしてこの犬をかわいそうに思ったのですか。（　）(あ)～(う)にあてはまる言葉を、文中からさがして書きなさい。（10点×3―30点）

歩くのが（(あ)）という様子でついてきたのに、台所の土間にすばやくすべりこみ、何度《なんど》も、花子や（(い)）の様子をうかがって、この家を追いだされはしないかと（(う)）していることがわかったから。

(あ)（　　　）　(い)（　　　）

(う)（　　　）

主題《しゅだい》を読み取る《と》 (1)

答えは71ページ

月　日

1 次《つぎ》の文章《ぶんしょう》を読んで、あとの問《と》いに答えなさい。

みさきと同じクラスの松本《まつもと》さんは、クラスの子から「オレンジソース」というあだ名でよばれたりして、いろいろといやな目にあっていた。

たとえば先週は、そうじが終《お》わって教室にもどると、松本さんのつくえに、使《つか》ったあとのぬれたぞうきんが、なぜかおいてあった。

給食《きゅうしょく》にとり肉のてりやきがでて、男子のひとりが「先生、オレンジソースが、ついてないんですけど」と、わざと聞いていたこともあった。

今週に入ってからは、おとといだったか、教室のうしろで遊《あそ》んでいた子たちが、近くにあるイスをいくつも勝手《かって》に使っていたが、もとにもどされなかったイスがひとつだけあって、それは松本さんのイスだった。

松本さんは、いつもだまっていた。

無表情《むひょうじょう》でぬれたぞうきんをかたづけ、イスをもと

(1) ――①「学校では石にしかなれないから」は、前に松本さんがみさきに言った言葉ですが、そのような松本さんの様子《ようす》が表《あらわ》れているところを、文中から二文でさがし、はじめと終わりの五字を答えなさい（句読点《くとうてん》をふくむ）。

□□□□□～□□□□□

ヒント 人物《じんぶつ》の動作《どうさ》や表情に注意《ちゅうい》しよう。

(2) ――②「みさきの胸はしめつけられた」とありますが、なぜ、そのようになったのですか。次からえらび、記号《きごう》で答えなさい。

ア 松本さんに対《たい》するクラスの子たちのいじめ方がいつもひどすぎて、こわかったから。

イ いやなことをされているのに、松本さんがだまっているのがくやしかったから。

ウ クラスの子からいやなことをされても、だまってたえている松本さんがかわいそうだから。

にもどして、肩《かた》をちょっと丸めて、視線《しせん》をつくえの上に落《お》とした、いつものしせいですわるだけだった。

それを見ていると、①「学校では石にしかなれないから」という言葉《ことば》を思いだして、②みさきの胸《むね》はしめつけられた。

「ねえ、どうしてそんなに気にするの？」

あさみがもう一度《いちど》たずねた。

みさきは顔をあげた。

「……なんていうか、松本さんのこと、そんなにいやな感《かん》じには思えないから」

これが、せいいっぱいの答えだった。

なさけないけど、③いっしょに遊んだことはやっぱりいえない。もしいったらどういう反応《はんのう》が返《かえ》ってくるだろうと思うと、こわい。

あさみとよしちゃんは、だまりこんだ。ふきげんそうな顔だ。

いまの言葉でもだめだったのだろうか。さらに胸がどきどきしてくる。

しばらくのあいだ、三人ともだまっていた。

（魚住直子《うおずみなおこ》「オレンジソース」）

(3) ――③「いっしょに遊んだことはやっぱりいえない」とありますが、それはなぜですか。文中の言葉を使って、わかりやすく書きなさい。

（　　　　）

(4) この文章で、中心になっているのはどんなことですか。次からえらび、記号で答えなさい。

ア いやな目にあっている人をなんとか助《たす》けようとする勇気《ゆうき》と行動《こうどう》。

イ いやな目にあっている人を助けたいという思いと、まわりの反応を気にするためらい。

ウ いやな目にあうのはその人の性格《せいかく》のためだという考えと、無関心《むかんしん》なたいど。

エ 弱くておとなしい人に、いやなことをする人がいるのはしかたがないというあきらめ。

（　　）

主題《しゅだい》を読《よ》み取《と》る (2)

答えは71ページ

月　日

1 **次《つぎ》の文章《ぶんしょう》を読んで、あとの問《と》いに答えなさい。**

　そろりそろりと、太一《たいち》は竹ざおをいれていったが、やっぱりそこをさぐることはできなかった。

「ふかいな。なんのあなだ。こりゃあ。」

「キツネかタヌキのあなじゃないか。」

「こんなにふかかったら、だめだべ。いちどはいったらでられなくなるぞ。」

と、いって、太一があなのなかをかきまぜていたら、手がすべって竹ざおをおとしてしまった。

　直人《なおと》が小さな声で、

「①ラッカだ。」と、いった。

　あたまの上で、クスノキのこいみどりがザワザワッとなった。

　石や、竹ざおまで消《き》えてしまうと、なんでものみこんでしまう、そこなしのあなのような気がしてきて、②太一はきみがわるくなった。

　キツネやタヌキなどの動物《どうぶつ》があけたあなでもない

(1) 太一と直人の兄弟は、ひっこしていった渡辺さんの家の近くで深《ふか》いあなを見つけて、そのそこをさぐっていますが、そのあなは、どのような感《かん》じだったのですか。文中から七字でぬき出しなさい。

(2) ――①「ラッカ」は、「高い所《ところ》からおちること」という意味《いみ》の言葉《ことば》をかたかなで書いたものですが、漢字《かんじ》で書くとどうなりますか。二字で書きなさい。

(3) ――②「太一はきみがわるくなった」とありますが、あなの様子《ようす》だけでなく、まわりの様子からもきみのわるさが感じられる文が二つあります。そのはじめの五字をそれぞれ答えなさい。

とすれば、いったいだれが、なんのためにあけたあななのだろうか。そう考えると、足もとが、ガラガラくずれて、あなが大きくなり、自分たちものみこまれてしまいそうなかんじがした。

クスノキのえだが、山でもうごくように、ゴーッとよこにゆれた。

「にいちゃん。渡辺《わたなべ》さんがひっこしていくとき、見たァ。」

「見ねよ。」

「にいちゃん、これ、きっと渡辺さん一家をのんだあなだよ。」

太一はそんなことがあろうはずがないと思って、おとなのように、アハハハハッとわらってみせた。

けれど、あなを見ると、黒いやみのなかで、なにかがゆらりとうごいた。

それをあいずに、ふたりはもうスピードで坂《さか》をかけおりた。

坂のとちゅうに、あき家《や》が一けんある。その前までくると、太一はこの家の近くにも、渡辺さんのところにあったようなあなが、どこかにあるような気がして、ますます足に力をいれた。

（最上一平《もがみいっぺい》「あな」）

ヒント 音を表《あらわ》す、かたかなの言葉に注意《ちゅうい》しよう。

(4) 太一たちが、急《きゅう》になんともいえないようなおそろしさを感じていることがわかる文が一つあります。そのはじめと終《お》わりの五字を答えなさい（句読点《くとうてん》をふくむ）。

□□□□□ ～ □□□□□

(5) この文章から感じられることをまとめると、次のようになります。（　　）㋐～㋓にあてはまる言葉をあとからえらび、記号《きごう》で答えなさい。

（㋐）がふえていく村での、きみのわるいできごとをえがいている。そこなしの（㋑）は、まるで村を出ていった（㋒）をのみこんでいるのではないかとおそれる兄弟をとおして、住《す》む人がどんどん少なくなる村への（㋓）やさみしさが強く感じられる。

ア 動物　イ あきらめ　ウ 不安《ふあん》
エ あな　オ あき家　カ 一家

㋐（　　）㋑（　　）㋒（　　）㋓（　　）

17日 要《よう》点《てん》をつかむ (1)

⬇答えは72ページ

月　日

1 **次《つぎ》の文章《ぶんしょう》を読んで、あとの問《と》いに答えなさい。**

それでもサルよりいろいろなことができる手で、よく動《うご》く親指《おやゆび》をつかい、道具《どうぐ》をつくりました。さて、それはどんな道具だったのでしょうか。

前に、ゴリラやチンパンジーが地上では〝こぶし〟をつくった手（前足）を地面《じめん》につけて歩くと書きました。そのわけもふだんの手（前足）が枝《えだ》をつかむ形になっているからと説明《せつめい》しました。そして、ヒトも手をだらりとさせると、手のひらはたいらにならず、丸いものがすっぽりおさまる形になるといいました。

さあ、すっぽりおさまる丸いものとはなんでしょう。それは大昔《おおむかし》のヒトのほねの化石といっしょに見つかっています。石ころです。丸い石ころです。がっかりですか。これでは貝がらをわっていたサルとかわりがないと思うかもしれませんね。

しかし、石をしっかりにぎれる親指をもったヒトはちがいます。一方の手だけで石をにぎりしめられれ

(1) ——「さて、それはどんな道具だったのでしょうか」について、次の問いに答えなさい。

① この文と同じように、筆者《ひっしゃ》がこれから説明する事《こと》がらを読み手に問いかけている形の文がほかにも一つあります。それをさがし、はじめの五字を答えなさい（句読点《くとうてん》をふくむ）。

② 大昔のヒトがつかった道具とは、何でしたか。次からえらび、記号《きごう》で答えなさい。

ア 枝　イ 化石　ウ 貝がら
エ 石　オ ナイフ

（　　）

ヒント 段落《だんらく》ごとの要点《ようてん》をつかみ、文章の組み立てを考えよう。

(2) 大昔のヒトがつかった道具が何であるかの決《き》め手になったのは、どんなことですか。次の（　）にあてはまる

れば、もう一方の手でわろうとする貝や木の実《み》をおさえることができます。また、両手《りょうて》で石をつかむより、石をふりおろす場所《ばしょ》もこまかくえらべます。石をあてればわれやすいところにきちんとふりおろすことができるのです。

　さらに石で石をくだいて、ハンマーやナイフとしてつかえる石の道具をつくることもできます。それで、動物《どうぶつ》の肉を切ったり、木をけずったり、しっかりにぎれることで、ヒトの生活はどんどんべんりになっていきます。

　手でする作業《さぎょう》がどんどんこまかくなるにつれて、のうも発達《はったつ》してきます。これは、のうが発達して、手でいろいろなことができるようになることもあったでしょうし、手でいろいろな作業をすることがのうをしげきして発達させたこともあったでしょう。

　とにかく、よく動く親指が、こまかい道具をつくらせ、のうをしげきし、発達させることでヒトはここまで進化《しんか》したのです。

（山本省三《やまもとしょうぞう》「ヒトの親指はエライ！」）

まる言葉《ことば》を書きなさい。

㋐ヒトは、手をだらりとさせると、手のひらは（　　）がすっぽりおさまる形になること。

㋑大昔のヒトの（　　）といっしょに見つかっていること。

㋐（　　　　）　㋑（　　　　）

(3) 手と親指で道具をうまくつかい、さらにべつの道具をつくることによって、ヒトの生活はどうなっていきましたか。

（　　　　　　　　）

「さらに」からはじまる段落に注目《ちゅうもく》しよう。

(4) この文章には、筆者がこれまでに説明してきたことをわかりやすくまとめている文があります。それをさがし、はじめと終《お》わりの五字を答えなさい（句読点をふくむ）。

□□□□□ ～ □□□□□

要点《ようてん》をつかむ(2)

⬇答えは72ページ

月　日

1 次《つぎ》の文章《ぶんしょう》を読んで、あとの問《と》いに答えなさい。

[1] 小さな電球《でんきゅう》のようにも見える①星たちは、いったいなんなのでしょうか？　とてもかすかな光なので、なにか小さなものが宇宙《うちゅう》でかがやいているのでしょうか？

[2] もし、「昼間に見える太陽《たいよう》と夜空に見える小さな星たちは、②じつは同じものだよ」といったら、みなさんは、きっとおどろくことでしょう。でも、ほんとうなのです。

[3] 夜空で点のように見える星はみな、太陽と同じく、水素《すいそ》ガスが集《あつ》まって「おしくらまんじゅう」をして、自分でかがやいているものなのです。

[4] ただ、とてもとても遠いところにあります。地《ち》球《きゅう》にいちばん近い星でも、太陽までの距離《きょり》のおよそ二八万倍《ばい》も遠くにあるのです。③これほどまで遠いところにあるため、④いくら温度《おんど》が高くてもその熱《ねつ》は地

(1) ―①「星たちは、いったいなんなのでしょうか？」とありますが、この問いに対《たい》する答えは、どの段落《だんらく》にありますか。番号《ばんごう》で答えなさい。

（　　）段落

ヒント 段落ごとの要点《ようてん》をとらえよう。

(2) ―②「同じもの」とありますが、太陽と星は、どちらも何からできているのですか。文中から四字の言葉《ことば》をぬき出しなさい。

□□□□

(3) ―③「これ」とは何を指《さ》していますか。文中からぬき出しなさい。

（　　　　）

球までとどかず、⑤いくら大きくても、わたしたちには小さな点にしか見えないのです。

5 たとえば、たんじょう日に、ケーキに立てたろうそくのほのおをふいて消《け》すときをそうぞうしてください。ほのおを消そうとして、ろうそくに近づくとその熱《あつ》さを感《かん》じるのに、ケーキからはなれるとなにも感じませんね。

6 明るさも同様《どうよう》です。近くにある自動車《じどうしゃ》のヘッドライトは大きな光に見えますが、遠くにあるときは点のような小さな光です。

7 もし、みなさんが星の近くに行くことができれば、きっとその大きさにおどろくことでしょう。もちろん、熱くて熱くて、しかたないはずです。きらきらと夜空にかがやく星を美《うつく》しく感じられるのは、わたしたちから遠いところにあるおかげなのですね。

（布施哲治《ふせてつはる》「地球が回っているって、ほんとう？」）

(4) ――④「いくら温度が……とどかず」の部分《ぶぶん》を、わかりやすいれいをあげて説明《せつめい》している段落があります。その段落の番号を答えなさい。

（　　）段落

(5) ――⑤「いくら大きくても……見えないのです」の部分を、わかりやすいれいをあげて説明しているのは、どの段落ですか。番号で答えなさい。

（　　）段落

(6) この文章は、七つの段落からなっていますが、大きく三つのまとまり（意味《いみ》段落）に分けると、次のどれがよいですか。記号で答えなさい。

ア 1 2 3 ― 4 5 ― 6 7
イ 1 2 ― 3 4 5 ― 6 7
ウ 1 ― 2 3 4 ― 5 6 7
エ 1 ― 2 3 ― 4 5 6 7

（　　）

月	日
時間 20分 〔はやい15分・おそい25分〕	合格 80点
得点	点

↓答えは73ページ

① 次《つぎ》の文章《ぶんしょう》を読んで、あとの問《と》いに答えなさい。

チンパンジーたちはツルに指《ゆび》をひっかけて軽々《かるがる》と移動《いどう》し、ツルのはし、枝《えだ》の先にある*果実《かじつ》をあきるまで食べることができた。

ツルや大木の枝先《えださき》の果実をつかみとるかぎのように曲《ま》がった手こそ、チンパンジーの長い指の意味《いみ》だった。ツルをわたるためには、親指は短《みじか》いほうがいい。

運動場《うんどうじょう》のうんていや鉄棒《てつぼう》をしっかりにぎるためには親指が必要《ひつよう》だが、ツルをつたうためにはこれでは動《うご》けない。横《よこ》に何本も棒が並《なら》んだ運動場のうんていとちがって、自然《しぜん》のツルはまっすぐにのびている。これをつたって動くためには、指先でひっかけて、するっとはずして、先に進《すす》む。

そのカギ型《がた》に曲がった指の形を太い枝の上や地面《じめん》で使《つか》うと、*ナックル・ウォーキングだ！

だから、チンパンジーは太いみきだけの木登《きのぼ》りは、

(1) この文章を大きく三つのまとまり（意味段落《いみだんらく》）に分けるとすると、二つめと三つめは、それぞれどこからはじまりますか。はじめの五字を答えなさい（句読点《くとうてん》をふくむ）。（15点×2—30点）

二つめ □□□□□

三つめ □□□□□

(2) はじめのまとまりでは、チンパンジーの何について説明《せつめい》していますか。次の（　）㋐・㋑にあてはまる言葉《ことば》を、文中からさがして書きなさい。（10点×2—20点）

チンパンジーのかぎのように曲がった（㋐）と短い（㋑）。

㋐（　　　　）　㋑（　　　　）

(3) また、二つめのまとまりでは、チンパンジーの何について説明していますか。次の（　）㋒・㋓にあてはまる言葉を、文中からさがして書きなさい。（10点×2—20点）

下手《へた》なんだ！　曲がった指先を使うことができないからだ。

　そして、チンパンジーのとがった大きな犬歯《けんし》*。オレンジやナツミカンのような固《かた》い皮《かわ》をむくとき、人間の手は不便《ふべん》だ。ナイフで切りこみを入れないと、固い皮をむくのはむずかしい。オレンジほどもあるイロンボの果実の皮も、固いものだった。チンパンジーの犬歯は、そのナイフだ。だから果実を食べるサルたちはみな、とがった犬歯を持《も》っている。

　チンパンジーの歯《は》と指の形は、その主食《しゅしょく》となるとくべつなツルの森の果実を食べるための道具《どうぐ》だった。そして、その指を使うとナックル・ウォーキングになる！

　「百聞は一見にしかず」ということわざがあるけれど、野生の動物《どうぶつ》の生活は自然の条件《じょうけん》の中で見なくては、ほんとうのことはわからない。


（島《しま》　泰三《たいぞう》「人はなぜ立ったのか？」）

＊果実＝植物《しょくぶつ》の実《み》。とくに、くだもの。
＊ナックル・ウォーキング＝軽くにぎった手の指の背面《はいめん》を地面につけて歩くこと。
＊犬歯＝前歯とおく歯の間にある、とがった歯。

チンパンジーの（　ウ　）大きな（　エ　）。

ウ（　　　）　エ（　　　）

(4) この文章のまとめになる文をさがして、そのはじめと終《お》わりの五字を答えなさい（句読点をふくむ）。（10点）

□□□□□ ～ □□□□□

(5) ――「百聞は一見にしかず」のことわざの意味を次からえらび、記号《きごう》で答えなさい。（10点）

ア　人から聞いたのとじっさいに見るのとでは、大きなちがいがある。
イ　人から何回も聞くより、じっさいに自分で一度《いちど》見たほうがたしかである。
ウ　知らないことははずかしがらず、しつもんしたほうが自分のためになる。

（　　　）

(6) この文章には、筆者《ひっしゃ》の感想《かんそう》がのべられている段落があります。それをさがし、はじめの五字を答えなさい（符号《ふごう》をふくむ）。（10点）

□□□□□

1 **次《つぎ》の文章《ぶんしょう》を読んで、あとの問《と》いに答えなさい。**

ごきげんでたべているところへ、その家のあるじ*がもどってきた。

どろぼうは、見つかってはたいへんと、柿《かき》の木の上で小さく小さくなっておったが、柿の木のまわりには、くいちらかしたたねがいっぱい。

①あるじはすぐ気がついたが、見るとあんまりつよそうなやつではない。②ひとつからかってやろうと、

—ほほう、柿の木の上になにかいるとおもえばカラスかい。

どろぼうは、ほっとひといき、そこをつづけて、

—カラスならなくものじゃが、なかぬところをみると、やっぱり人か。人ならばぼうでたたきおとしてやろう……。

と、ぼうをとりだした。たたかれてはかなわない。

③—コカアコカアコウ……

どろぼうがいっしょうけんめいカラスになったの

⬇答えは73ページ

(1) ——①「あるじはすぐ気がついた」とありますが、どんなことに気がついたのですか。文中の言葉《ことば》を使《つか》って書きなさい。

（　　　　　　　　）

(2) ——②「ひとつからかってやろう」とありますが、あるじは、さいしょに、どんなことを言ってからかおうとしましたか。文中から二つさがし、はじめの五字を答えなさい（符号《ふごう》をふくむ）。

□□□□□・□□□□□

ヒント 「—」の符号に目をつけよう。

(3) ——③「コカアコカアコウ……」は、何を表《あらわ》していますか。（　）㋐～㋒にあてはまる言葉を書きなさい。

あるじに言われるままに、（㋐）が、いっしょう

を、あるじはじろりと見て、

―いんや、もういちどよう見れば、あれはサルじゃ。

どろぼうはあわてて背中《せなか》をぽりぽりかきながら、

―キャアキャアキッキ……

と、サルになった。

しかし、あるじは首をふって、

―ふむ、いかにもサルのようなこえでないたが、ようよう見れば、あいつは、ゾウじゃ。

さあ、こまった。

どろぼうは、ゾウがなんといってなくかわからない。かといって、このままでは、ぼうでたたかれる。さんざんかんがえたあげく、おもいきって木からおちることにした。

ずでんでんとおっこちてきたどろぼうを見て、あるじもすかさずおどろき、

―やあ、ゾウとおもうたのに、やっぱり人か。

と、ぼうをとりなおす。

＊あるじ＝一家の主人《しゅじん》。

（今江祥智《いまえよしとも》「神《かみ》さまによろしく」）

けんめい（　）の（ ㋒ ）をまねた声。

㋐（　　　）　㋑（　　　）
㋒（　　　）

(4) あるじは、どろぼうの様子《ようす》を見ながら、さらにからかってやろうと、二度《にど》にわたって声をかけています。文中からその二つをさがし、はじめの五字を答えなさい（符号をふくむ）。

□□□□□・□□□□□

(5) この文章に出てくるどろぼうは、どんな人物《じんぶつ》と思われますか。次からえらび、記号《きごう》で答えなさい。

ア　動物《どうぶつ》の鳴きまねをするのがとても上手な、おもしろい人。
イ　どろぼうに入った家のあるじをだまそうとする、悪知恵《わるぢえ》のはたらく人。
ウ　どろぼうに入った家のあるじの言うままになる、ちょっとまぬけな人。

（　　）

1 **次《つぎ》の文章《ぶんしょう》を読んで、あとの問《と》いに答えなさい。**

かなりちかくにウサギがきている。伸次《しんじ》と山田のぼうが、かさなるように、ウサギをおしてくる。ぼくのぼうも、もうすこし左によせなくちゃ。

おもい。山田のぼうが上にのってるんだ。ぼくは手に、はあっと息《いき》をふきかけて、うんっとぼうをうごかす。さあ、どうだ。

もういちどのぞきこむ。（㋐）。あと五十センチほどこちらにくれば、美佐子《みさこ》のあみだ。

ぼくはもういちどたいせいをたてなおす。美佐子をみながら、ぼうを左へねじるように力をいれる。おもったよりかるくうごく。ちょうど山田がぼうをうごかしたのだ。（㋑）。

①美佐子の目が、きらっとひかった。

つぎのしゅんかん、美佐子はからだをひねってころがりながら、地面《じめん》をはくようにあみをひきだしていた。

⬇答えは74ページ

月／日

(1) 文中の（　）㋐〜㋒には、「ぼく」のそのときの気持《きも》ちを表《あらわ》す短《みじか》い言葉《ことば》が入ります。次からえらび、記号《きごう》で答えなさい。

ア　やばい
イ　どうしようかなあ
ウ　もうすこしだ
エ　これで、どうだ

㋐（　　）　㋑（　　）　㋒（　　）

ヒント　あとにつづく文の内容《ないよう》に注目《ちゅうもく》しよう。

(2) ——①「美佐子の目が、きらっとひかった」というのは、どういうことを表していると思いますか。そのときの美佐子の気持ちを考えて書きなさい。

（　　　　　　　　　　）

(3) 文中に、「ぼく」がむちゅうでウサギをつかまえてい

やった！

ぼくの目のまえにでてきたあみのなかで、ウサギがめちゃくちゃにとびはねる。（　㋒　）。頭がはんぶん、でかかっている。ぼくは、ウサギめがけてとびついていた。

ウサギの力はすごかった。うしろあしで、ばんばんけってくる。

それでもぼくは、あみのうえからだきしめたウサギをはなさなかった。

「やった、やったァ。」

気がつけば、みんながぼくのまわりにあつまってきていて、ぼくはウサギをだいたまま、地面にころがっていた。土のにおいがした。

ぼくは、しずかになったウサギをあみごとだいて、ゆっくりおきあがった。まだ胸《むね》がどきどきしている。

美佐子と目があった。

「飼育当番《しいくとうばん》、だいていけよ。」

②美佐子はぼくをみて、それからまわりのみんなをみて、口を、あ、とあけかけた。けれどなにもいわず、こくっとうなずいた。

（岡田《おかだ》　淳《じゅん》「学校ウサギをつかまえろ」）

ることがわかる文があります。その文をさがし、はじめの五字を答えなさい。

□□□□□

(4) やっとウサギをつかまえることができたことをよろこぶ、みんなの気持ちが表れている文があります。その文をさがし、はじめの五字を答えなさい（符号《ふごう》をふくむ）。

□□□□□

(5) ――②「美佐子は……口を、あ、とあけかけた」とありますが、その日のウサギの飼育当番で、ウサギをにがしてしまうことになった美佐子は、みんなに何を言いかけたと思いますか。次からえらび、記号で答えなさい。

ア　ああ、おもしろかったね、みんな。
イ　ありがとう、みんな。
ウ　ああ、よかったね、みんな。
エ　あとで、ウサギを学校にもどすわ、みんな。

（　　）

↓答えは74ページ

月　日

1 次《つぎ》の文章《ぶんしょう》を読んで、あとの問《と》いに答えなさい。

（「富士山《ふじさん》のてっぺんを一輪車《いちりんしゃ》で走る」というゆめの実《じつ》現《げん》のために、健太《けんた》はいま山道を登《のぼ》っています。）

「健太、がんばれ。ここがいちばん苦《くる》しいところだ。ここを乗《の》り切《き》れば楽になるぞ！」

お兄ちゃんが初《はじ》めてぼくをはげましてくれた。こぶしをつくって、ファイトのポーズをしている。ぼくは大きく「うん」とうなずいて、ガシガシと登っていった。

こんなに高いところなのに、ところどころに緑色《みどりいろ》の植物《しょくぶつ》が見える。風の音がぼくの耳をすばやく通り過《す》ぎた。

①「正男君《まさおくん》、だいじょうぶか！」

*高木《たかぎ》さんの大声がぼくの耳に飛《と》びこんできた。さっきまでぼくたちといっしょに登っていた正男がここにきてがっくりペースが落《お》ちた。ふと気がつくと、三十メートルぐらいおくれて一人で登ってくる。

(1) ——①「正男君、だいじょうぶか！」は、だれが言った言葉《ことば》ですか。「健太」「お兄ちゃん」「高木さん」の中からえらんで、書きなさい。

（　　　　）

(2) ——②「そんな正男に気がつかなかった」とありますが、正男はどんな様子《ようす》だったのですか。文中の言葉を使《つか》って、二十五字以内《いない》で書きなさい。

（□□□□□□□□□□□□□□□□□□□□□□□□□）

ヒント 前のほうの文に注目《ちゅうもく》しよう。

(3) ——③「友達なのに、なんてはくじょうなんだ」というのは、健太自身《じしん》のどんな気持《きも》ちを表《あらわ》していますか。次の（　）㋐〜㋒にあてはまる言葉を書きなさい。

（ ㋐ ）が登るのがやっとで、（ ㋑ ）の正男君が

ぼくは②そんな正男に気がつかなかったことをはずかしく思った。（③友達《ともだち》なのに、なんて＊はくじょうなんだ。）ぼくが正男のとうちゃくを待《ま》っていると、みんなもその場に立ち止まった。

「気分が悪《わる》いんじゃないのか、正男……。」

正男は返事《へんじ》をしなかった。そのかわりにこんなことをぽつりと言った。

「ごめんな、健太。おれ、すっかり足手《あしで》まといになっちゃって。こんなことなら来るんじゃなかった。でも、おれ、本当に健太の手助《てだす》けをしたかったんだ。がんばれって、はげましてやりたかったんだ。それなのに、おれ……。」

正男の目から、大つぶのなみだがこぼれた。

「気にすんなよ、いいよ、べつに。まだ時間はたっぷりあるんだから、ゆっくり登ろうぜ。」

本当は早く小屋《こや》に着きたかった。ゆっくり休んで明日の午前三時の出発《しゅっぱつ》にそなえたかったんだ。富士山のご来光《らいこう》ってやつを見るために。

（山口《やまぐち》 理《さとし》「ぼくの一輪車は雲の上」）

＊高木さん＝山登りのガイド役《やく》をしてくれている男の人。
＊はくじょう＝思いやりのないこと。

おくれているのにも気がつかないとは、なんと（ ㋒ ）がないことだ。

㋐（　　　　） ㋑（　　　　）
㋒（　　　　）

(4) みんなで、けわしい富士山の山道を登っている場面《ばめん》ですが、まわりの自然《しぜん》の様子がわかるところがあります。ひとつづきの二つの文をさがし、はじめと終《お》わりの五字を答えなさい（句読点《くとうてん》をふくむ）。

□□□□□ ～ □□□□□

(5) この場面は、どんなことが中心になっていますか。次からえらび、記号《きごう》で答えなさい。

ア どんどんおくれていく正男君を、みんなが心の中では腹立《はらだ》たしく思っていること。
イ 正男君のように、みんなからおくれる人がでるのはしかたがないと思っていること。
ウ みんなからおくれはじめている正男君を気にかけて、はげましていること。
エ みんなからおくれている正男君がなきだしたので、どうしようかとまよっていること。

（　　　）

月／日

時間 20分［はやい15分・おそい25分］
合格 80点
得点　　点

1 次《つぎ》の文章《ぶんしょう》を読んで、あとの問《と》いに答えなさい。

〈ちょうちょうたちは、よいにおいの花がさいている木のところへ行って、木のためにみんなで祭《まつ》りをしてあげることにしました。〉

ところがなかでいちばん小さかったしじみちょうははねがあまりつよくなかったので、小川《おがわ》のふちで休まなければなりませんでした。しじみちょうが小川のふちの水草の葉《は》にとまってやすんでいますと、となりの葉のうらに①見たことのない虫が一ぴきうつらうつらしていることに気がつきました。

「あなたはだあれ。」としじみちょうがききました。

「ほたるです。」とその虫は眼《め》をさまして答えました。

「原っぱのまんなかの木さんのところでお祭りがありますよ。あなたもいらっしゃい。」としじみちょうがさそいました。ほたるが、

「でも、わたしは夜の虫だから、みんながなかまにしてくれないでしょう。」といいました。しじみちょ

⬇答えは75ページ

(1) ――①「見たことのない虫」とありますが、その虫とは何だったのですか。文中から三字の言葉《ことば》をぬき出しなさい。（20点）

(2) しじみちょうが、(1)の「虫」をさそったのは、どんなことでしたか。次の（　）㋐・㋑にあてはまる言葉を、文中から一字と三字でぬき出しなさい。（10点×2―20点）

原っぱのまんなかの（㋐）さんのところで（㋑）があるので、いっしょに行こうということ。

㋐

㋑

(3) ちょうちょうたちの飛びまわる様子《ようす》を、たとえを使《つか》って表《あらわ》しているところをさがし、十一字でぬき出しなさい。（20点）

うは、

「そんなことはありません。」といって、いろいろにすすめて、とうとうほたるを連《つ》れていきました。

なんて楽しいお祭りでしょう。ちょうちょうたちは木のまわりを大きなぼたん雪のように飛《と》びまわって、つかれると白い花にとまり、おいしいみつをおなかいっぱいごちそうになるのでありました。けれど光がうすくなって夕方になってしまいました。みんなは、

「もっとあそんでいたい。だけどもうじきまっ暗《くら》になるから。」とため息《いき》をつきました。すると②ほたるは小川のふちへ飛んでいって、自分のなかまをどっさり連れてきました。一つ一つのほたるが一つ一つの花のなかにとまりました。まるで小さいちょうちんが木にいっぱいともされたようなぐあいでした。そこで③ちょうちょうたちはたいへんよろこんで夜おそくまであそびました。

（新美南吉《にいみなんきち》「木の祭り」）

(4) ――②「ほたるは……自分のなかまをどっさり連れて」きたのは、なぜだと思いますか。次から二つえらび、記号《きごう》で答えなさい。（10点×2―20点）

ア　木の白い花には、おいしいみつがいっぱいあるから。

イ　もっとあそびたいけれど、まっ暗になるから、とちょうちょうたちが言ったから。

ウ　ちょうちょうたちがさびしがらないようにしたいと思ったから。

エ　自分たちのともす明かりで、木やそのまわりを明るくしようと思ったから。

（　）（　）

(5) ――③「ちょうちょうたちはたいへんよろこんで」とありますが、なぜよろこんだのですか。次の（　）㋐・㋑にあてはまる三字の言葉を、考えて書きなさい。（10点×2―20点）

一つ一つの花にとまった（㋐）の光で、木全体《ぜんたい》が（㋑）かがやいていたから。

㋐ [　　　]　㋑ [　　　]

説明《せつめい》文《ぶん》を読む (1)

⬇答えは75ページ

月　日

1 **次《つぎ》の文章《ぶんしょう》を読んで、あとの問《と》いに答えなさい。**

秋になると、草や木の実《み》がいっせいに色づき*はじめます。色づいたのは、中のたねが、じゅくした合図です。

でも、このような実はそのまま土の上におちても芽《め》*ばえません。それは、たねをつつんでいる皮《かわ》や肉が、芽ばえをとめるはたらきをしているからです。たねを芽ばえさせるためには、まず、実の皮や肉をすっかりとりのぞかなければなりません。その役目《やくめ》をしてくれるのが野鳥たちです。

あざやかな色の実をみつけて、野鳥がついばみにきます。このとき鳥は、たねもいっしょにのみこんでしまい、とびさっていきます。

鳥にたべられた草や木の実は、皮や肉が胃《い》の中でとけてしまいます。でも、たねだけはかた

(1) ――「このような実は……芽ばえません」について、次の問いに答えなさい。

① 「このような実」とは、どのような実を指《さ》していますか。十字以内《いない》で書きなさい。

② 「このような実」は、なぜ、土の上におちても芽ばえないのですか。

（　　　　　　　　　　）

ヒント 理由《りゆう》をのべる「……からです」に着目《ちゃくもく》しよう。

(2) 「草や木の実」が芽ばえるまでを次のように整理《せいり》しました。（　）㋐～㋓にあてはまる言葉《ことば》を、文中からさがして書きなさい。

① 鳥が草や木の実をついばんで、食べてしまう。

② 皮や肉は鳥の胃の中で（　㋐　）。

いからのおかげで*消化《しょうか》されずに、ふんといっしょにおとされ、やがてそこで芽ばえるのです。□、たねは鳥といっしょに、それだけ遠くまで旅《たび》をしたことになるわけです。

●ヤドリギ（たねがちる時期《じき》十二〜一月）

エノキやクヌギの木に*寄生《きせい》生活するヤドリギは、秋、まるい実をたくさんつけます。実はとてもねばねばしていて、鳥にたべられても、ねばる力をうしないません。ふんといっしょにおとされたたねは、木のえだなどにくっついて芽ばえます。

（埴《はに》　沙萠《しゃぼう》「たねのゆくえ」〈あかね書房刊〉）

*色づく＝草や木の実に、色がつく。
*芽ばえ＝たねから芽がではじめること。
*消化＝食《た》べ物《もの》が、よくこなされて、栄養《えいよう》になること。
*寄生生活＝生物《せいぶつ》が、ほかの生物から養分《ようぶん》をうばって、生活すること。

③たねだけはかたい（㋑）のおかげで消化されない。

④たねは（㋒）といっしょにおとされて、やがてその場所《ばしょ》で芽ばえる。

⑤ヤドリギの実は、とてもねばねばしていて、（㋓）にたべられ、ふんといっしょにおとされたたねは、木のえだなどにくっついて芽ばえる。

㋐（　　）　㋑（　　）
㋒（　　）　㋓（　　）

(3) 文中の□にあてはまるつなぎ言葉を次からえらび、記号《きごう》で答えなさい。

ア　つまり　イ　だから
ウ　しかし　エ　また

（　　）

(4) この文章の内容《ないよう》にふさわしい見出しを次からえらび、記号で答えなさい。

ア　鳥にすてられるたね
イ　鳥にはこばれるたね
ウ　鳥のすきなたべもの
エ　風でとばされるたね

（　　）

説《せつ》明《めい》文《ぶん》を読む (2)

1 次《つぎ》の文章《ぶんしょう》を読んで、あとの問《と》いに答えなさい。

①ものすごく生長が速《はや》いというのが、竹のとくちょうです。マダケ*が一日に百二十一センチものびたという記録《きろく》があり、植物《しょくぶつ》の生長の速さとしての世界《せかい》記録です。

竹はこのように速く生長する反面《はんめん》、二～三か月で生長しきってしまうと、その後はまったくのびもせず、太くもならずに、そのまま十年ほど生きつづけます。

②竹は、種類《しゅるい》によっては、木のように高く生長します。そのため、木だと思っている人がいるかもしれませんが、木ではありません。木と根本的《こんぽんてき》にちがうのが、太らないという点です。

木の樹皮《じゅひ》の内側《うちがわ》には、太くなるための〝形成層《けいせいそう》〟という部分《ぶぶん》があり、年々太くなっていきます。年輪《ねんりん》は、木が年々太くなったあとです。

しかし、竹には形成層がなく、ある程度《ていど》の太さに

↓答えは75ページ

(1) ――①「ものすごく生長が速いというのが、竹のとくちょう」とありますが、竹はどのくらいの期間《きかん》で生長してしまうのですか。文中からぬき出しなさい。

（　　　　）

(2) ――②「竹は、種類によっては、木のように高く生長します」とありますが、竹は木なのですか。次からえらび、記号《きごう》で答えなさい。

ア 木のなかまである。
イ 木ではない。
ウ どちらかわからない。

（　）

(3) 「竹」と「木」のちがいは、どういう点にありますか。それぞれ書きなさい。

竹（　　　　）
木（　　　　）

月　　日

なると、その後はずっと同じ太さのままです。かたい節《ふし》がしっかりと支《ささ》えるので、同じ太さのまま、竹はまっすぐ高くまで生長することができます。

　では、木でないとしたら、竹は草なのでしょうか？竹は、花のつくりがイネと同じこうぞうをしているので、イネ科に分類《ぶんるい》されています。イネのなかまということは草になります。でも、イネは一年で生長して地上部《ちじょうぶ》がかれてしまいますが、竹の地上部であるかん＊は十年ほど生きています。イネは毎年花をさかせますが、竹はめったに花をさかせません。竹の葉《は》のつけ根《ね》には葉柄《ようへい》＊という部分がありますが、イネの葉にはありません。③このようにちがいがたくさんあります。

　竹は、木でも草でもない独特《どくとく》の植物と考えたほうがよさそうです。

（柴田昌三《しばたしょうぞう》「木？　それとも草？　竹は竹」）

＊マダケ＝もっともふつうの竹。たけのこは食用。
＊かん＝「稈」と書く。木のみきにあたるもの。
＊葉柄＝葉の一部《いちぶ》で、くきに葉をつないでいる細いところ。

ヒント　段落《だんらく》ごとの大事《だいじ》な点を読み取《と》ろう。

(4) ――③「このようにちがいがたくさんあります」の「このように」が、指《さ》ししめす内容《ないよう》はどの文のはじめからどの文の終《お》わりまでですか。それぞれ五字でぬき出しなさい（句読点《くとうてん》をふくむ）。

□□□□□ ～ □□□□□

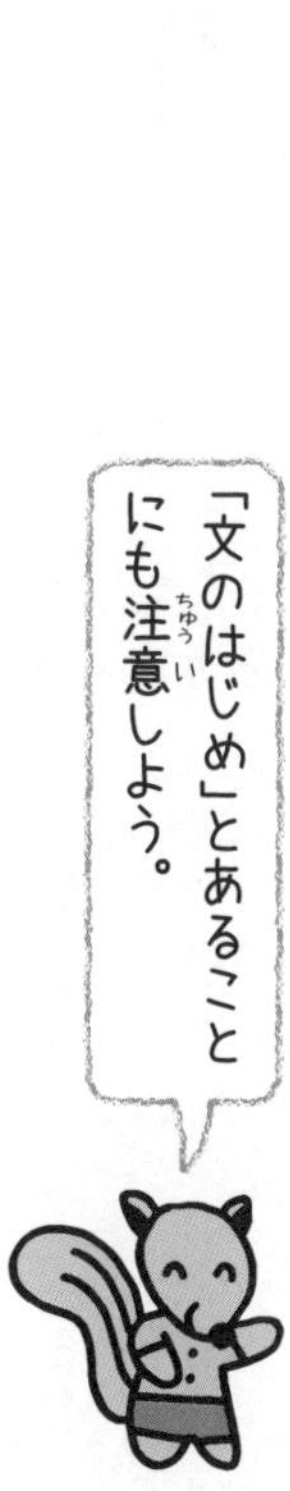
「文のはじめ」とあることにも注意《ちゅうい》しよう。

(5) 〰「では、木でないとしたら、竹は草なのでしょうか？」という問いかけがありますが、その答えとして筆者《ひっしゃ》が考えていることに合うものを次から二つえらび、記号で答えなさい。

ア　竹は草ではなく、木に近いものである。
イ　竹はイネのなかまなので、草である。
ウ　竹はめったに花をさかせないので、木である。
エ　木でも草でもない、独特の植物である。

（　　）（　　）

説明《せつめい》文《ぶん》を読む (3)

月　日

1 **次《つぎ》の文章《ぶんしょう》を読んで、あとの問《と》いに答えなさい。**

[1] 秋になると、学校の校庭《こうてい》や町の通り、家いえの庭《にわ》は、イチョウやカエデ、サクラ、ケヤキなどの、色づいた落《お》ち葉《ば》でいっぱいになります。葉《は》がすっかり落《お》ちてしまった木を見あげると、はだかになったえだをとおして、空が広く見えます。このように、秋になって葉の落ちる木を、「落葉樹《らくようじゅ》」といいます。

[2] でも、秋になっても、葉が緑色《みどりいろ》のままで、葉が落ちない木もあります。ツバキやクスノキなどです。それを、「常緑樹《じょうりょくじゅ》」といいます。

[3] 木は、根《ね》をとおして、土の中から水分をすいあげています。しかし、冬が近くなるころには、木の力がよわまり、雨も少なくなるため、根がすいあげることのできる水の量《りょう》は、少なくなってきます。

[4] 木の葉《は》の表面《ひょうめん》には、たくさんの小さいあな（「気《き》孔《こう》」といいます）があって、そこからは、いつも水がじょうはつしています。そのため落葉樹は、冬が

↓答えは76ページ

(1) ①「落葉樹」と②「常緑樹」について、それぞれ、㋐どのような木のことをいうのかを書きなさい。また、㋑どんな木がそれにあたるのか、木の名前を書きなさい。

① 落葉樹
㋐（　　　）
㋑（　　　）

② 常緑樹
㋐（　　　）
㋑（　　　）

ヒント 段落《だんらく》と段落のつながりに気をつけよう。

(2) この文章は、[1]から[6]の六つの段落からなっていますが、この中で「落葉樹」の木の葉が落ちるわけを説明《せつめい》しているのは、どの段落からどの段落までですか。番《ばん》

ちかづいて、からだの中の水が少なくなると、葉をきりはなして、水が大量《たいりょう》にじょうはつするのをふせぎ、できるだけ、少ない水でもかわかないようにしているのです。もしかわいたら、木はかれてしまいます。

（中略《ちゅうりゃく》）

5 しかし、常緑樹の木の葉は、水が少なくなると、自分から気孔をとじて、じょうはつをふせぐようにできています。そのため、秋にいっせいに葉を落とさなくても、からだの中の水分は、なくならないですむのです。

6 でも、常緑樹は、まったく葉を落とさないわけではありません。一年じゅう、すこしずつ葉がいれかわっています。すべての葉が、いっせいに落ちるわけではなく、古い葉が落ちると、いつのまにか新しい葉がはえてくるので、木がはだかになることがなく、気づきにくいのです。

（久道健三《ひさみちけんぞう》「科学なぜどうして　三年生」）

号《ごう》で答えなさい。

（　　）段落〜（　　）段落

(3) 「落葉樹」は、なぜ、冬が近づくと、木の葉を落とすのでしょうか。そのわけをまとめている一文をさがし、はじめと終《お》わりの五字を答えなさい（句読点《くとうてん》をふくむ）。

□□□□□〜□□□□□

(4) 「常緑樹」について、くわしく説明しているのは、どの段落からどの段落までですか。番号で答えなさい。

（　　）段落〜（　　）段落

(5) 「常緑樹」は、なぜ、秋に木の葉を落とさなくても、からだの中の水分はなくならないのですか。その理由《りゆう》を、文中の言葉《ことば》を使《つか》って書きなさい。

（　　　　）

27日 まとめテスト (5)

1 次《つぎ》の文章《ぶんしょう》を読んで、あとの問《と》いに答えなさい。

富士山《ふじさん》のつりあいのとれた美《うつく》しいすがたは、このままずっとつづくのでしょうか。

富士山に登《のぼ》ってしらべてみると、大きな谷が十数本できています。

そのなかでもいちばん大きいのが、「大沢《おおさわ》くずれ」とよばれるがけで、いまもやすむことなく岩がくずれ、みぞが深《ふか》くなっています。

火山でも、そうでないふつうの山でも、できたはじめは、なだらかできれいな形をしています。しかし時がたつと、雨や風、太陽《たいよう》の光や温度《おんど》によって、山にみぞができ、谷がきざまれ、それがしだいに深く、けわしくなっていきます。

富士山は、まだできてから新しく、しかも雨をすいこみやすいよう岩や灰《はい》によって川がなく、水でけずられにくかったため、いままで美しいすがたをたもってきました。

(1) ――「富士山のつりあいのとれた美しいすがた」とありますが、今まで美しいすがたをたもてた理由《りゆう》がわかる段落《だんらく》があります。それをさがし、段落のはじめと終《お》わりの五字を答えなさい（句読点《くとうてん》をふくむ）。(20点)

□□□□□ ～ □□□□□

(2) 富士山の美しいすがたが、このままつづくかどうかについて、筆者《ひっしゃ》は二つの点から考えをのべています。次からその二つの点にあてはまるものをえらび、記号《きごう》で答えなさい。(20点×2―40点)

ア 雨や風や温度などの気候《きこう》が、今後どうなるかという点。

イ 火山でもふつうの山でも、長い間にはどうなってきたかという点。

ウ 富士山が今どのようなすがたになっているかという点。

➡答えは76ページ

月 ／ 日

時間 20分 [はやい15分・おそい25分]

合格 80点

得点 点

それでもだんだんみぞができ、がけがくずれ、おしまいにはしわだらけの低《ひく》い山となってしまうことでしょう。とてもざんねんなことですが、それよりわすれてはならないのは、富士山が火山であるということです。

　富士山は二千年まえから、中央《ちゅうおう》の火口からの噴火《ふんか》活動《かつどう》をやめ、それからあとは横《よこ》の小さな火山から、灰やよう岩をふきだすだけとなり、＊宝永《ほうえい》の噴火のあとは、まったく火山としての活動がおこっていません。

　しかし千年ほどしずかでも、それはわかい火山である富士山が、ちょっと昼ねをした短い時間にすぎません。

　日本でも外国でも、数百年から数千年もたって、とつぜん大噴火をおこした火山が、たくさん知られています。

（加古里子《かこさとし》「富士山大ばくはつ」）

＊宝永の噴火＝江戸時代《えどじだい》の宝永四（一七〇七）年におきた大噴火のこと。大きなひがいをもたらした。

エ　富士山の噴火が、今後いつおこるかという点。

（　　）（　　）（　　）

(3)　富士山の美しいすがたがおしまいにはどうなるかについて、筆者が自分の考え方をはっきりとのべている文をさがし、はじめと終わりの五字を答えなさい（句読点をふくむ）。（20点）

□□□□□　～　□□□□□

(4)　富士山の噴火ということについて、筆者の考え方と合うものを次からえらび、記号で答えなさい。（20点）

ア　富士山は火山であるが、もう二千年前から噴火活動をやめているから、今後もしずかである。

イ　富士山はこの千年ほどしずかでも、少し休んでいるだけで、大噴火はいつかおこるだろう。

ウ　中央の火口からの大噴火はおこらないだろうが、横の小さい火山からの噴火はおこるだろう。

（　　）

月　日

1 次《つぎ》の詩《し》を読んで、あとの問《と》いに答えなさい。

春のスイッチ

高階杞一《たかしなきいち》

春になったら
花が
いっせいにひらく
どこかで
だれかが　ポンと
スイッチを入れたみたいに

ぼくにも
こんなスイッチ　あるのかなあ

長い冬が過《す》ぎ
いっせいに
ぼくのひらくような日が
いつか
ぼくにも
くるのかなあ

↓答えは77ページ

(1) この詩は何連《れん》でできていますか。漢数字《かんすうじ》で答えなさい。

（　　）連

(2) この詩には、たとえを使《つか》って表《あらわ》しているところがあります。二行でぬき出しなさい。

（　　）

ヒント　たとえを表す言葉《ことば》に注目《ちゅうもく》し、二行で答えます。

(3) 「ぼくにも／こんなスイッチ　あるのかなあ」とありますが、ぼくは、どんな気持《きも》ちだと思われますか。次の文の（　）㋐～㋒にあてはまる言葉を、詩の中からぬき出して書きなさい。

今、ぼくは、（㋐）の中にいるように、体も心もちぢまっているけれど、スイッチを入れると、春に（㋑）がひらくように、（㋒）のひらく日が来るのかなあ、という気持ちでいる。

㋐（　　）　㋑（　　）　㋒（　　）

2 次の詩を読んで、あとの問いに答えなさい。

いちわでも　にわとり

和田《わだ》　誠《まこと》

いちわでも　にわとり
にど　たべても　さんどいっち
さんにん　いても　しじん
よじに　きても　ごじら
ごかいしても　ろくおん
ろっぽんでも　ばなな
ななつ　なぐって　やっつけた
やっつでも　おきゅう
きゅうかいでも　とう
じゅっかい　ほえても　（　　）

(1) この詩は、言葉遊《あそ》びのような楽しさがあります。それぞれの連のはじめの言葉から、ものを数える言葉を五字以内《いない》でぬき出しなさい。

一連　　二連
三連　　四連
五連　　六連
七連　　八連
九連　　十連

(2) 一～八連のそれぞれさいごの言葉から、数字の言葉を三字以内でぬき出しなさい。

一連　　二連
三連　　四連
五連　　六連
七連　　八連

(3) 十連の（　）に、数字を表す言葉を自分で考えて、ひらがな二字で入れなさい。

29日

詩《し》を読む (2)

1 次《つぎ》の詩《し》を読んで、あとの問《と》いに答えなさい。

わすれていた球根《きゅうこん》

成本和子《なるもとかずこ》

つくえのいちばん下の
ひきだしをあけると
「あっ」
と　小さな声がきこえた

ごめんね
チューリップの球根
小鳥のくちばしみたいな
芽《め》をのぞかしている

「早く早く　土にうえて」
つくえのなかからさけんでいたの

⬇答えは77ページ

(1) この詩には、作者《さくしゃ》が言っているとも、球根が言っているとも、両方《りょうほう》にとれる言葉《ことば》が二つ出てきます。さがして、それぞれ一行でぬき出しなさい。

（　　　　）
（　　　　）

(2) 詩の中に、球根の芽をべつのものにたとえた表現《ひょうげん》が一つあります。一行でぬき出しなさい。

（　　　　）

ヒント 「みたいな」「ような」などの言葉に注目《ちゅうもく》しよう。

(3) 詩の表現の一つに、ふつうとは言葉のじゅんじょをかえて、印象《いんしょう》をはっきりさせる方法《ほうほう》があります。それがこの詩にも使《つか》われています。それをさがし、三行でぬき出しなさい。

（　　　　）

月　日

草色のつやつやの芽で
お日さまの光をさぐっていたの

手のひらにのせてみると
すこしあったかい
春風がつくえのなかへもとどいたのかしら
ちゃいろの頭をなでたのかしら

いいえ　いいえ
春をおぼえていたのね
まるいからだのなかに
きっちりと

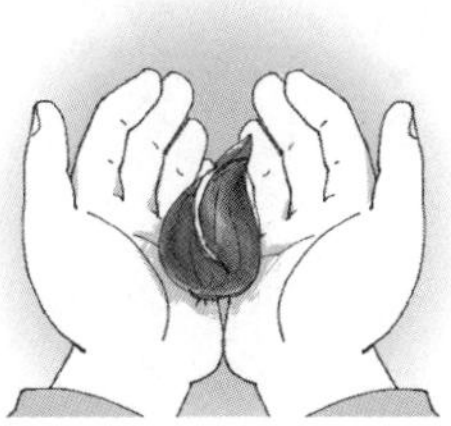

(4) 詩の中に、球根の色や形を表《あらわ》している言葉があります。二つさがし、それぞれ六字でぬき出しなさい。

(5) この詩の中で、「わすれていた球根」に対《たい》して、作者の強い思いが表れているのは、何番目の連《れん》ですか。漢《かん》数字《すうじ》で答えなさい。

（　　）連

(6) この詩では、どんなことが感動《かんどう》の中心になっていますか。次からえらび、記号《きごう》で答えなさい。

ア 球根の中にもある命《いのち》を、軽《かる》くあつかわない人間のすばらしさ。

イ どんなときでも育《そだ》っていこうとする、球根の中にある生命力《せいめいりょく》のすごさ。

ウ わすれられていた球根が、早く土に植《う》えてほしいと命がけでさけんでいるような必死《ひっし》さ。

（　　）

30日 まとめテスト(6)

月　日

時間 20分〔はやい15分・おそい25分〕
合格 80点
得点　点

➡答えは78ページ

1 次《つぎ》の詩《し》を読んで、あとの問《と》いに答えなさい。

三年よ

阪田寛夫《さかたひろお》

ついに三年はおわろうとしている
あとなん十日かのうんめい*である
おい三年よ
いっしょに四年になりたいか
四年になったら六時間目があるぞ
あひる当番もきついぞ
いままでみたいなちょうしでは
まあ、むりだな

三年よ
また二年から

(1) この詩では、ちょくせつ「三年」によびかけているところが三かしょあります。それぞれ二～三行でぬき出しなさい。(10点×3―30点)

①（　　　　）

②（　　　　）

③（　　　　）

(2) 一連《れん》に、三年から四年になると、きついぞとれいをあげておどかしているところがあります。二行でぬき出しなさい。(10点)

（　　　　）

ちびさんたちがあがってくるよ
ぼうしやカバンの二年の二の字に
一本ぼうを書きたして
三年なん組だれそれって、すましていうさ
ぼくらはこんどはそういかん
四と三とはだんぜんちがう
だから、いまからかくごもかたい
そろそろいくぞ
なくなよ三年

＊うんめい＝人の意志《いし》にかかわりなく、人にしあわせ、ふしあわせをあたえたりする力。めぐりあわせ。

(3)「ぼくらはこんどはそういかん／四と三とはだんぜんちがう」とありますが、どのようにちがうと言っているのですか。次の文の（　）㋐～㋓にあてはまる漢《かん》数字《すうじ》を書きなさい。(10点×4―40点)

　二年から三年になるのは、（㋐）の字に一本ぼうを書きたして（㋑）にするように、かんたんにやっていけるが、三年から四年になるのは、（㋒）の字とだんぜんちがう（㋓）の字を書かなければならないように、とてもきついのだぞと言っている。

㋐（　　）㋑（　　）㋒（　　）㋓（　　）

(4) この詩は、どんな点がすぐれていて、おもしろいですか。次からあてはまるものをえらび、記号《きごう》で答えなさい。(20点)

ア「まあ、むりだな」「なくなよ三年」などと、ふだん話す言葉《ことば》でつきはなしている点。
イ「二・三・四」の数字の形のちがいまでもちだして、四年なるのはきついぞと言っている点。
ウ「三年・十日・六時間目」など、いろいろな数字を出して、言葉遊《あそ》びのようにしている点。

（　　）

進級テスト

月　日

時間 30分（はやい25分・おそい35分）
合格 80点
得点　　点

⬇答えは78ページ

1 次《つぎ》の文章《ぶんしょう》を読んで、あとの問《と》いに答えなさい。

①人間の祖先《そせん》は、サルの仲間《なかま》としてはじめて背中《せなか》をのばし、二本足で立つことができました。でも②二本足で立つことが、四本足より有利《ゆうり》であったということでもありません。今でこそわたしたちは二本足で歩くほうが便利《べんり》だし、四つんばいで走れるわけはない。しかし追《お》いかけるにしてもにげるにしても、二本足では、地面《じめん》をける力は四本足の半分の力しかだせません。

それでも二本足で歩くことに有利な点はありました。

足は移動《いどう》するためにつかいます。動物《どうぶつ》は食べるために移動しますが、移動するサルの食《た》べ物《もの》は木の実《み》やその根《ね》っこ、草の実などの植物《しょくぶつ》でした。わたしたちは、草の実である米や小麦、木の実であるリンゴやイチジク、草の根であるイモやニンジンのほかに、肉や魚も食べます。しかし③そのころのヒトの祖先は、

(1) ――①「人間の祖先」の「人間」をべつの言い方で表《あらわ》している言葉《ことば》が一つあります。それをさがし、二字でぬき出しなさい。（10点）

(2) ――②「二本足で立つことが、四本足より有利であったということでもありません」とありますが、それはなぜですか。文中の言葉を使《つか》って、三十字以内《いない》で書きなさい。（15点）

(3) ――③「そのころのヒトの祖先」は、どのような生活をしていましたか。次からえらび、記号《きごう》で答えなさい。（10点）

まだ魚を口にしていないし、肉もヒョウなどの肉食動物がたおしたえもののこりの肉をあさるだけでした。ヒトは菜食主義者《さいしょくしゅぎしゃ》に近かったので、木の実のなる森から森へと草原を横切《よこぎ》って歩きながら、その日ぐらしをしていた動物でした。

二本足のほうが四本足で歩くよりも、移動の時の体力が少なくてすみました。太陽《たいよう》の日ざしをあびるからだの面積《めんせき》も、立ったほうが少ないので、暑《あつ》くならずにすみ、つかれません。立ち上がった分だけ背《せ》が高くなるので、遠くを見わたすことができて、えさも敵《てき》もさがしやすくなります。

四本の足のうちの二本が移動専用《せんよう》になると、足をつかっている時に二本のうでは休むことができましたし、うでをつかう時には足を休めることができました。ヒトのうではゴリラやチンパンジーのように、地面にとどくほどには長くはありません。立っている時には空いているので、空いているうでと手で、ヒトはほかのサルにはできないことをはじめました。

（森戸《もりと》　潔《きよし》「人間はどこから来たのか」）

ア　木の実や、草の実をとって食べるほかにも、米やイモを作って食べるような生活をしていた。

イ　森や草原を歩きながら、木の実などをとって食べるような、その日ぐらしの生活をしていた。

ウ　野菜類《やさいるい》だけでなく、かりで魚や動物をとって、その肉も食べるというような生活をしていた。

（　　）

(4) 二本足で歩くほうが、四本足で歩くよりも有利な点があったとのべていますが、その具体的《ぐたいてき》なれいとして、有利な点はいくつあげられていますか。文中からさがし、漢数字《かんすうじ》で答えなさい。（10点）

（　　）つ

(5) (4)の問いであげた有利な点のうち、「ヒトの祖先」にとって、もっとも大切だったと考えられる点はどんなことでしたか。文中の言葉を使って書きなさい。（15点）

（　　）

2 次の詩《し》を読んで、あとの問いに答えなさい。

はちと神《かみ》さま

金子みすゞ（ず）

はちはお花のなかに、
お花はお庭《にわ》のなかに、
お庭は土《ど》べいのなかに、
土べいは町のなかに、
町は日本のなかに、
日本は世界《せかい》のなかに、
世界は神さまのなかに。

そうして、そうして、神さまは、
小ちゃなはちのなかに。

＊土べい＝土で作った家のへい。

(1) この詩でくり返《かえ》されている言葉をさがし、四字でぬき出しなさい。（8点）

(2) この詩について、次のようにまとめました。文中の（　）㋐〜㋓にあてはまる言葉を書きなさい。（8点×4—32点）

一連《れん》は、「はちはお花のなかに」ではじまって、お花はお庭に、お庭は土べいに、土べいは（㋐）に、町は日本のなかに、などと、だんだん（㋑）ものになっていって、さいごに「（㋒）は神さまのなかに」と、いちばん大きなものが出てきます。

二連は、ぎゃくに、はちにもどって、小さなはちのなかにも大きな（㋓）がいるんだよと、べつの見方がしめされて、はっと気づかされるようなおもしろさがあります。

㋐（　　）㋑（　　）
㋒（　　）㋓（　　）

答え

読解力8級

● 1日 2・3ページ

1 (1)イ
(2)ウ
(3)ウ
(4)五月
(5)㋐木の葉　㋑緑色　㋒紅葉
(6)(れい)よろこんでいる(うれしそうな)(顔の表情。)

考え方

1 (1)本を読んでいて、意味のわからない言葉が出てきたら、できるだけ国語辞典《じてん》などで調《しら》べるようにします。また、前後の文からだいたいの意味はつかむようにします。
(2)「あける」には、多くの意味がありますが、漢字で表《あらわ》すと、意味がはっきりすることがあります。問いの「あける」は「箱を開《あ》ける」で、アは「夜が明ける」、イは「水を空ける」、ウは「戸を開ける」、エは「家を空ける」となります。だから、答えはウになります。
(3)「まるで……ようです」「まるで……ような」などの言葉は、たとえを表す言い方です。あとのほうに出てくる「まるで、ほんものの木の葉みたい」もたとえの言い方です。べつのものにたとえることによって、様子《ようす》がいっそうわかるようになるので、物語《ものがたり》や詩《し》によく出てきます。
(4)この文章のはじめに、「五月、つるばら村は」とあります。
(5)前のほうの、若者がはるかさんに説明《せつめい》している内容《ないよう》に注目して、あてはまる言葉を入れます。
(6)前のほうにも「若者は、気をよくしていいました」という文があります。若者とはるかさんの会話のやりとりから、その意味をつかむようにします。

● 2日 4・5ページ

1 (1)イ
(2)(きょうは三度だから、三人やすんだのかしらん)
(3)㋐温度(気温)　㋑三人　㋒答案　㋓三
(4)(あ)三かい　(い)三人
(5)(れい)「まったくへんな日だなあ。なんでも三だもん」というタケシのひとりごと。
(6)イ・エ

考え方

1 (1)前のほうの「つめたいじぶんの手」、「つめたいはずだよ。三度だもの」という言葉などから、「きょうは(温度が)三度だから」と言っていることがわかります。
(2)「これ・それ・あれ・どれ」などのように、「こ・そ・あ・ど」ではじまり、指ししめすはたらきをする言葉を、「こそあど言葉」といいます。「こそあど言葉」は、同じ内容《ないよう》や言葉をくり返《かえ》すのをさけるために使われるので、ふつう前の文や言葉を指ししめします。ここの「そんな」は、すぐ前の(きょうは三度だから、三人やすんだのかしらん)というタケシが思ったことの内容を指しています。「こんな・そんな・あんな・どんな」は、物《もの》事《ごと》のじょうたいや様子を指ししめす言葉だということもおぼえておきましょう。
(3)タケシは、「三度」「三人」「3」と「三」の数字のつく、できごとがつづいておこるのをふしぎに思っているのです。㋓は、すぐあとに「三のふしぎは、まだつづきました」とあるのも、ヒントになります。
(4)前のほうに「…三かい」「…三人」「…三かい」とつづいていることに注目します。
(6)イの「この」、エの「その」が「こそあど言葉」です。それ以外《いがい》の「そこで」「ところが」は「つなぎ言葉」で、「まだ」「まったく」は様子をくわしくする言葉で、どちらも「こそあど言葉」ではありません。なお、「この・その・

あの・どの」は、物事を指定《してい》するはたらきをします。

チェックポイント 「こそあど言葉」の使い分け

「こそあど言葉」は、次のように使い分けられます。

こ	話し手に近い場合。
そ	聞き手に近い場合。
あ	話し手からも聞き手からも遠い場合。
ど	指ししめすものがはっきりしない場合。

● 3日 6・7ページ

1 (1)きいろの山

(2)その・そう

(3)(上からじゅんに)そこ・どこ

(4)㋐(れい)料理にかおりやからさ、いろなどをつけるもとになるもの。

㋑六(つ)

(5)スパイス(のなかま)

(6)インドにカ〜なのです。

考え方

1 (1)〜(3)「こそあど言葉」には、どんな言葉があるかを整理《せいり》しておぼえます。また、その言葉が何を指しているかに注意して、読んだり聞いたりしましょう。

(4)㋐「スパイスは、料理に……」ではじまる次の段落《だんらく》に注目します。㋑スパイスとして、文中には「トウガラシ」のほかに「ニンニク・ショウガ・コショウ・ナツメグ・カルダモン・ターメリック」の六つが出てきています。

(5)これも「こそあど言葉」の問題《もんだい》です。前の文や言葉に注目します。

(6)この文章のさいごのほうで、「自分の家で……つくっていたからなのです」と、その理由をのべています。

● 4日 8・9ページ

1 (1)①㋐エ ㋑ウ ㋒イ

②㋐ウ ㋑ア ㋒イ

(2)ぼくは、つばをごくりとのみこんだ。

(3)ウ

(4)達ちゃん

考え方

1 (1)つなぎ言葉の問題です。①それぞれ、前の文とあとの文のつながり方を考えて、あてはまる言葉を入れます。②ア〜エは、それぞれのつなぎ言葉のはたらきを説明しています。①と②が合うようにします。㋐は、「ウサギは、目のまえ…にいる」、(しかも)「こちらをむいて」となり、あとの事がらをつけくわえる関係です。㋑は、前の「ぼく」の気持《きも》ちとあとの気持ちが反対になっていることに注意します。㋒は、前の事がらが原因で、その結果、あとのことがおこったという関係になっています。

(2)とてもきんちょうしたときなどに、つばをごくりと飲《の》みこむことがあります。ここは、「ぼく」の目の前にウサギがやってきたことで、つかまえられるだろうかと、いっしゅんきんちょうしているのです。

(3)「ぼく」のゆれ動《うご》く気持ちが、前のほうの段《だん》落《らく》にえがかれています。そこをていねいに読み取って、あてはまるものをえらびます。

(4)この物語《ものがたり》では、同じ組の六人の子どもたちがそれぞれ、いろいろな場面でかつやくするすがたがえがかれています。ここでは、「ぼく」(恭)、達ちゃん、伸次、山田、のんこの五人が登場していて、達ちゃんと「ぼく」が中心になっています。

チェックポイント つなぎ言葉のしゅるい

つなぎ言葉には、次のようなものがあります。

①前の事がらが原因や理由になるもの
(れい)だから・それで・すると

②前と反対の事がらがくるもの
(れい)しかし・けれども・ところが・だが

③前の事がらにならべたり、つけくわえたりするもの
(れい)また・そして・しかも・そのうえ

④前の事がらとくらべたり、どちらかをえら

んだりするもの
(れい)または・あるいは・それとも
⑤前の事がらについての説明《せつめい》やおぎないをのべるもの
(れい)つまり・なぜなら・ただし
⑥前の事がらから話題《わだい》をかえるもの
(れい)さて・ところで・では

●5日 10・11ページ

1 (1)しかし
(2)㋑オ　㋒ア　㋓カ
(3)㋐鳥　㋑たね　㋒実　㋓動物　㋔風
(4)㋐遠く　㋑親植物　㋒一か所　㋓群れ
(5)高いくきや枝から落ちるとか、細くて風にゆれやすいくきや枝から落ちるといった方法

考え方

1 (1)まず、前の文とあとの文のつながり方を考えます。前の文では「…ころがってゆきます」とあって、あとの文は「…とまってしまいます」と反対《はんたい》の内容《ないよう》になっています。だから、次は、「しかし・だが・けれども」などの言葉が文中にないかどうか、さがすようにします。
(2)㋑～㋓は、前の段落《だんらく》とのつながり方を考えます。この段落のはじめにあるつなぎ言葉は、段落と段落との関係《かんけい》をつかんで、文章全《ぜん》体《たい》の組み立てをとらえるときにとても大切です。㋑は、前の段落で「たねを遠くへちらす木や草の実」について説明があって、それとはちがう『落ちる』だけの実やたね」の説明がつづくことから考えます。㋒は、前の段落の内容に引きつづいて、次のことがおこることを表す言葉をえらぶようにします。㋓は、前の段落の内容とならべたり、つけくわえたりするはたらきの言葉をえらびます。
(3)あとの三つの段落で、それぞれの「たねをできるだけ遠くへちらすしくみ」が具体的に説明されているので、その内容を正しくつかみます。
(4)この段落と次の段落の内容を読み取って、答えを入れます。

チェックポイント　**段落のつながり**
「段落」とは、文章の中にいくつかある、小さな内容のまとまりのことをいいます。書き出しが一字下がっているところが、段落のはじまりになります。段落ごとに大事な点を読み取り、段落と段落のつながりをとらえていくことが説明文の読みでは大切になります。

●6日 12・13ページ

1 (1)あのショー～っていた。
(2)(れい)「わるいことしないなら、にげる必要はないはずだ」という支配人のことば。
(3)①ぼくたちは～したのだ。　②イ
(4)(れい)「わるいことしないなら、にげる必要はないはずだ」と言ったことに対して、子どもたちが何も答えなかったから。
(5)ウ

考え方

1 (1)前のほうのお店の支配人が言った言葉に注目します。支配人は、二つの点から明と光一が犯人だろうと言っています。一つめは「あのショーウインドーの前には、きみたちのほかには、だれもいなかった」ということ、二つめは、すぐあとに「しかも」というつなぎ言葉があるように、「きみはこのピストルをもっていた。」ということを理由にあげています。だから、答えは前のほうの文の「あのショーウインドー」の五字めまでと、あとの文の「ピストルをもっていた。」の終わり五字となります。
(2)すぐ前の支配人の言葉を指します。答えがわかったら、「それ」の代《か》わりに入れてみて、意味《いみ》が通じるかどうかをたしかめます。
(3)「そんなことをいったって」の「そんなこと」は、光一と明がけいけんしたできごとを指します。文章では「ぼくたちは、あのチョコレートの城をたべたかった。……あわてて、にげ

だそうとしたのだ。」というように長いので、注意します。
(4)支配人は、光一と明がだまったままで返事《へんじ》をしなかったので、ますます犯人だと思いこみ、声がするどくなったのです。
(5)つなぎ言葉の問題《もんだい》です。前の文とあとの文とのつながり方を考えます。前の文は、支配人の「なぜ、だまっているんだ」ですが、その前でも「正直にいいたまえ」と言っているのに対して、あとの文は、「ふたりは口をきかなかった。」のですから、ここは「それでも」があてはまります。なお、この文章は、物語《ものがたり》の前のほうの部分《ぶぶん》で、このあといろいろなできごとがあって、光一と明がショーウインドーをわった犯人でないことがわかるという展開《てんかい》になります。

●7日 14・15ページ

1 (1)ア
(2)岩石のように
(3)村では生活～出ていった
(4)ウ
(5)「よし、いって、おれがみてやる。」

考え方

1 (1)この文章は、一行空きの前とあとで場面が大きくかわっています。前半はこの物語《ものがたり》のはじめの部分で、後半はいろいろなできごとがはじまる部分です。前半は「雪は、春風がまいあげた」「雪がいつまでものこっていて、春のおとずれがおそい」などから、季節はまだ寒《さむ》い春のはじめごろであることがわかります。後半は「黒い雪もすっかりとけて、サクラの花がちりはじめたころ」などから、春の終わりごろであることがわかります。だから、答えはアになります。
なお、時・所《ところ》・人物がかわっていくところで、場面も大きくかわっていくことが多いことに注意《ちゅうい》しましょう。
(2)「ようだ」「ように」などのたとえを表す言葉に注目します。ここでは、かたくこおった雪を「岩石のように」とたとえたことで、その様子がはっきりとつたわります。
(4)小さい直人が「あな」を見つけて、おどろき、こうふんしている様子が表れています。すぐあとに、兄の太一は「すこしもおどろかないというへんじをしてみせた」とあるのも、ヒントになります。

●8日 16・17ページ

1 (1)四(つ)
(2)ウ
(3)①㋐丸い(球)　②㋑宇宙　㋒水素ガス
③㋓ガス
④㋔一五〇〇万度　㋕およそ六〇〇〇度

考え方

1 (1)この文章には、これから説明《せつめい》する話題を読み手に問いかける形の文が多く出てきます。「その太陽は……でしょうか?」、「そもそも……でしょうか?」、「みなさんは……ありますか?」、「では、太陽の……思いますか?」の四つです。これらに注意すると、何について説明されているかがはっきりつかめるようになります。
(2)答えがわかったら、「これ」の代《か》わりに入れてみて、意味《いみ》が通じるかどうかをたしかめます。
(3)①「円い」と書かないようにします。同じ読みですが、「円い」は平面的《へいめんてき》なものに対《たい》して使い、「太陽」や「月」のように球《たま》のようなものに対しては「丸い」を使います。③五つめの段落《だんらく》に「やがて、ガスの中心がとても高温になると、ガスがかがやきだします」とあります。

●9日 18・19ページ

1 (1)からだが、熱をもっているから。(十五字)
(2)三十五度から三十八度のあいだぐらい
(3)イ
(4)からだが、かぜや病気のもとになる、ばい菌やウイルスとたたかうため。
(5)①㋐ばい菌　㋑ウイルス　㋒しくみ(㋐・㋑

の順番《じゅんばん》は入れかわってもよい）

(6)うごいたりせずに、しずかにやすむ。

②㋓むり　㋔からだ　㋕熱

考え方

1 (1)はじめの段落《だんらく》の「からだが、熱をもっているからです。」という文の「…からです」に注目します。この「…からです」や、(4)の問いの答えになる文の「…ためです」などは、理由を説明《せつめい》するときによく使われるので、気をつけます。

(3)つなぎ言葉の問題《もんだい》です。前の文とあとの文のつながり方を考えます。ここは、前の文が原《げん》因《いん》や理由をのべていることに気づきましょう。

(5)あとから三つめの段落の内容《ないよう》を読み取りながら、正しい答えを入れていきます。

チェックポイント　理由を説明する言い方

前のほうに、「…なぜですか」や、「なぜかというと…」、「理由は…」というような言い方があるところに注目します。また、文末が「…からです」「…のです」「…ためです」となっている文に注意します。

● 10日　20・21ページ

1 (1)㋐ウ　㋑ア

(2)（れい）すこしいれるだけで料理をずっとおいしくするから。（二十四字）

食べものが古くなってくさるのをふせいだりするから。（二十五字）

(3)インドや東南アジア（インド）

(4)エ

考え方

1 (1)㋐・㋑とも、段落のはじめにあるので、前の段落とのつながりを考えます。㋐は、話題《わだい》をかえるときに使う言葉、㋑は、前の事がらと反対《はんたい》のことをのべるときに使う言葉が入ります。

(2)すぐあとの二つの文に注目します。どちらも、文末が「……からです」「……からなのです」と、理由をのべる言い方になっています。二十五字という字数に注意して、文中の大事な言葉を使って答えをまとめます。

(3)すぐ前の段落のはじめに「ほとんどのスパイスは、インドや東南アジア……で育ちます」とあります。なお、二つ前の文に「インドへ行ける海路をさがすように」とあるので、答えは「インド」でも正解《せいかい》とします。

(4)文章全体《ぜんたい》の「問い」とその答えにあたる部分を正しくとらえる問題です。いちばんさいごの段落の終わりのほうに注目します。

● 11日　22・23ページ

1 (1)ウ

(2)ウ

(3)イ

(4)（れい）おどろいている（びっくりしている）
（気持ち。）

考え方

1 (1)場面の様子《ようす》からも考えます。すぐ前に「耕太のほおがちょっとふるえた」とあるように、耕太は言いにくい自分の家庭《かてい》の事情《じじょう》（→お父さんとお母さんが別居中《べっきょちゅう》）を話しています。言葉がなかなか出てこないのを、淳もだまって待《ま》つしかないのです。だから、ウの「口をむすんで、ものを言わない」が正しい答えになります。

(2)前のほうの耕太と淳の会話をしっかりと読みます。とくに耕太の話している言葉に注目します。

(3)何が「もう少しで実現しようとしている」のかを、はっきり書き表している文は見あたりません。前のほうの「玉子焼き食べるだけや」という耕太の言葉がヒントにはなりますが、文章全体からはんだんするのがよいでしょう。

(4)おどろいている様子を表す慣用句《かんようく》に「目を丸くする」があります。ここも、淳の言ったことに、耕太がおどろき、感心《かんしん》している様子がそうぞうできます。

チェックポイント　人物《じんぶつ》の気持ちの読み取り

会話文には、登場《とうじょう》人物の考えや気持ちがそ

のまま表れているところが多いので、気をつけて読みましょう。また、地の文の、人物の様子《ようす》や行動《こうどう》を表しているところにも、その人物の人がらや気持ちが表れているので注意。

● 12日　24・25ページ

1 (1)もんしろちょう・池

(2)もんしろちょうのはねが、ところどころやぶれて、けばだっているから。

(3)イ

(4)おどりと冒険がすきだった

(5)(あんたは〜せいだよ)

考え方

1 (1)物語《ものがたり》・童話《どうわ》では、人間ではない動物《どうぶつ》・植物《しょくぶつ》や自然《しぜん》にあるものも「登場人物」として出てきます。ここでは、「もんしろちょう」と「池」がそれにあたります。「ようせい」も出てきますが、これは、「池」がもんしろちょうのことをそうよんでいるだけなので、答えからははぶきます。

(2)前後の文をよく読んで、「池」が「どきりと」おどろいた理由《りゆう》を読み取ります。

(3)「池」は、かわいいもんしろちょうのことをこれまでもほめて、はげましてきました。しかし今は、はねはやぶれて、目もよく見えないじょうたいになっています。それだからこそ、「池」は「……きらきらした、いいはねだ」とうそをついてでも、はげましたかったのです。「……」の間のところにも、「池」のそんな気持ちが表れています。イ「〜はげましたいという気持ち」が正しい答えになります。

(5)しずかに死んでいったもんしろちょうをいとおしむ「池」の気持ちは、あとのほうの(あんたは、きょうもきれいだよ。いつまでもきれいなようせいだよ)というつぶやきによく表れています。すぐあとの「池は、もんしろちょうをだきしめてゆすった。」も、同じ気持ちの表れですが、「気持ちがそのまま表れている」のは、つぶやきのほうといえます。

チェックポイント　会話文と地の文

文章の中で、かぎ(「　」)でしめしている人物の言葉を会話文といい、他《ほか》のところを地の文といいます。会話文には、人物の考えや気持ちがそのまま表れています。また、かっこ(　)でしめしている言葉には、人物が心の中で思ったことやつぶやきなどが表されていることが多いものです。

● 13日　26・27ページ

1 (1)(れい)先生が、たっぷり四時間もトットちゃんの話を聞いてくれたことになるから。

(2)イ

(3)もともと性格も陽気で、忘れっぽいタチ

(4)㋐子ども　㋑冷たい目　㋒安心
㋓校長先生(人)

考え方

1 (1)すぐあとに「というのは」という理由をのべるときに使う言葉があることに注目します。そして、この段落《だんらく》のさいごの「つまり、たっぷり四時間……なるのだった」という文を使って、答えを作るようにします。

(2)小さな子どものトットちゃんの話を、四時間にわたって聞いてくれたということですから、じっくりと子どもの話を聞くことを大事にする先生だということがわかります。

(3)登場人物のせいかくは、その人が言ったことやしたことなどをもとにつかむようにしますが、ここでは「もともと性格も陽気で……」とちょくせつ書かれているので、そこから答えになる部分を字数にあわせてぬき出します。

(4)あとから二つめの段落の内容《ないよう》を読み取って、あてはまる言葉を入れます。㋓は、「この人となら」という言葉が文中にあるので、「人」または「先生」と答えてあっても正解《せいかい》とします。

● 14日　28・29ページ

1 (1)㋐ウ　㋑エ　㋒イ

(2)ウ

(3)顔

(4)そして、と・お母さんと
(5)ⓐせいいっぱい ⓘお母さん ⓤ心配

考え方

❶ (1)様子を表す言葉を入れる問題《もんだい》です。前後の言葉、とくにここでは、あとのほうの言葉に気をつけて、ぴったりと合う言葉を入れます。
㋐は「歩くのがせいいっぱいという様子で」とあるので、「よたよた」が合います。「アとことこと」だと、速《はや》めに歩く様子になるので、合いません。㋑は「すりぬけて、すばやく」、㋒は「土間にくっつけて」とあることから考えます。
(2)すぐ前に「まあ！」とあることに気をつけます。花子は、よたよたしながらついてきた犬が、あまりにもすばやく台所の土間にすべりこんだので、びっくりしたのです。
(3)「顔をしかめる」は、ふゆかいな気持ちを表し、顔にしわをよせる様子をいいます。ここでは、前に「まあ、きたない犬」というお母さんの言葉があります。このほかにも、文中に「しぶい顔」とか「顔だけをたてに動かして」というような様子や気持ちを表す言葉があるので、気をつけます。
(4)「横目を使って…見あげる」、「横目でじっと…見つめている」という同じような表現《ひょうげん》があることに、気づきましょう。
(5)前のほうの「この犬は追いだされはしないかと心配しながら……」のところが、ちょくせつ的《てき》なヒントになりますが、文章全体《ぜんたい》からも考えるようにします。

● 15日 30・31ページ

1 (1)松本さんは～けだった。
(2)ウ
(3)(れい)もし、松本さんと遊んだと言ったら、あさみとよしちゃんからどういう反応が返ってくるだろうと思うと、こわかったから。
(4)イ

考え方

1 (1)「いつもだまっていた」「無表情で」「いつものしせいですわるだけだった」という言葉から、体を石のようにしてたえている松本さんの様子をそうぞうします。
(3)すぐあとの「もしいったら……こわい」という文が、前の事がらの理由《りゆう》になっています。「だれと」「だれから」というように、人物名を書き足して、わかりやすい文になるようにします。
(4)この物語《ものがたり》の主題(作者《さくしゃ》が作品をとおして言おうとしていること)につながる問題です。あまり理由もなく、いじめられている人がいます。なんとかその人によりそって、助けてあげたいとだれしも思いますが、まわりを気にして、なかなかできないものです。主人公《しゅじんこう》の「みさき」は、今、そのことでなやみ、ためらっているのです。物語全体の主題は、アの「……勇気と行動」と考えられますが、この文章で中心になっているのはイの「……まわりの反応を気にするためらい」ということになります。

チェックポイント　主題のとらえ方

物語の主題というのは、作者がその作品でうったえようとしている、中心的な考えのことをいいます。物語の流れにそって、どんなできごと(事件《じけん》)がおこったか、その中で人物はどう考え、行動したかなどを読み取って、物語全体の主題をとらえるようにします。また、その作品にえがかれている時代《じだい》はいけい(戦争《せんそう》や事件、社会的な問題)にも注意することが必要《ひつよう》です。

● 16日 32・33ページ

1 (1)そこなしのあな
(2)落下
(3)あたまの上・クスノキの
(4)そう考える～じがした。
(5)㋐オ ㋑エ ㋒カ ㋓ウ

考え方

1 (1)深いあなの様子についていろいろと書かれていますが、その中で「……なんでものみこんでしまう、そこなしのあなのような気がして」とあるところに注目します。

(2) まだ小さな子どもの直人が言った言葉なので、「ラッカだ」とかたかなで書いています。

(3)「太一はきみがわるくなった」という文の前とあとに、クスノキが「ザワザワッとなった」、「ゴーッとよこにゆれた」とあります。この音が、気味《きみ》の悪《わる》さをいっそう強くしていることに注意します。

(4)「足もとが、ガラガラくずれて……のみこまれてしまいそうなかんじがした」と、そのおそろしさが表されています。

(5) この物語《ものがたり》の主題《しゅだい》を考える問題《もんだい》です。空き家が多くなっていく村での気味の悪いできごとや、兄弟の気持ち・言動《げんどう》から、作者が何をうったえようとしているかを考えましょう。この物語のはいけいには、住んでいた人がどんどん町や都市《とし》へ出ていって、空き家だけがふえていく、かその村のきびしい現実《げんじつ》があります。空き家のそばのあなに、そこの一家がのみこまれたのじゃないかという子どもたちのおそれは、村にのこった人たちのさみしさや不安感とどこかでつながっているように感じられます。

● 17日 34・35ページ

1 (1)①さあ、すっ ②エ

(2)㋐丸いもの ㋑ほねの化石

(3)どんどんべんりになっていった。

(4)とにかく、～たのです。

考え方

1 (1)①説明文では、筆者がこれから説明する話《わ》題《だい》を、読み手に問いかける形でしめすことが多いです。だから、文末《ぶんまつ》が「……でしょうか」や、「……なんでしょう」などとなっているところに目をつけます。

②この文章でも、はじめに「……どんな道具だったのでしょうか」という問いかけがあって、そのあとの段落でくわしく説明するという組み立てになっています。どの段落からどの段落までが、「ヒトがつかった道具」の説明になっているかに注意《ちゅうい》して、よく出てくる、大事《だいじ》な言葉をさがします。

(2) 二つめと三つめの段落に注目し、この二つの段落が何を説明しているかを読み取《と》ります。「ヒトがつかった道具」は「石ころ」だったというのが答えですが、なぜ、そう言えるのかを、二つめの段落では、ヒトの手のひらは丸いものがすっぽりおさまる形になっていることをあげ、三つめの段落では、大昔のヒトのほねの化石といっしょに石ころが見つかったことをあげて、説明しています。この二つの点をおさえて、あてはまる言葉を入れます。

(3)「さらに石で石をくだいて」ではじまる五つめの段落のさいごに、「……ヒトの生活はどんどんべんりになって」とあります。

(4) 説明文では「はじめ・中・終わり」という形の組み立てが多いものです。この文章でも「終わり」の部分《ぶぶん》に、これまでの説明のまとめが書いてあることに気づきましょう。

● 18日 36・37ページ

1 (1)3(段落)

(2)水素ガス

(3)太陽までの距離のおよそ二八万倍

(4)5(段落)

(5)6(段落)

(6)エ

考え方

1 (1)1段落は、この文章全体《ぜんたい》の「問い」にあたる部分です。一行空いて、2段落めからがその答えの部分です。「星とはなんなのか」というのが問いですから、その答えとしてぴったり合う段落をさがします。すると、3段落に「水素ガスが集まって……自分でかがやいているもの」という文があります。

(4) あとの5段落のはじめに「たとえば」とあることに着目します。

(5)「小さな点」という言葉が、6段落で「点のような小さな光」と言いかえられていることに気づきましょう。

(6)①段落がこの文章全体の「問い」にあたる部分で、②～⑦段落が「答え」にあたる部分です。そのうち①段落の「星たちは、いったいなんなのでしょうか?」の答えにあたるのが②、③段落。次の「小さなものが宇宙でかがやいているのでしょうか?」の答えにあたるのが④～⑦段落です。

チェックポイント　形式段落と意味段落

形式段落…行をあらため、一字分下げて書きはじめている段落。

意味段落…内容《ないよう》のまとまりを中心にして分けた段落。

つまり、意味段落は、一つ一つの形式段落を、内容によってもう一つ大きなまとまりとして分けたものといえます。

● 19日　38・39ページ

1 (1)(二つめ)そして、チ　(三つめ)チンパンジ

(2)㋐手　㋑親指

(3)㋒とがった　㋓犬歯

(4)チンパンジ～具だった。

(5)イ

(6)「百聞は一

考え方

1 (1)～(4)段落ごとの要点《ようてん》をつかみ、そのうえで段落と段落の関係《かんけい》を考えます。段落の要点をつかむには、くり返し出てくる言葉に注意します。一～五段落では、「曲がった手」「長い指」「親指」などチンパンジーの手と指に関《かん》する言葉がたくさん出てきます。六段落では、「犬歯」という言葉が三回出てきます。つまり、一～五段落は、チンパンジーの曲がった手と短い親指は、ツルのはし、枝の先にある果実をとるために、そうなっていることを説明しています。そして、六段落は、チンパンジーのとがった犬歯は、固い果実の皮をむくためのものであると説明しています。この二つの事がらを受けて、七段落では「チンパンジーの歯と指の形は……森の果実を食べるための道具だった」と結論《けつろん》をのべています。だから、二つめと三つめのまとまりは、それぞれ六段落と、七、八段落ということになります。そして、七段落がこの文章のまとめとなっています。

(5)アは「聞くと見るとは大ちがい」ということわざの意味になります。また、ウは「聞くは一時のはじ、聞かぬは一生のはじ」ということわざの意味になります。イが「百聞は一見にしかず」の意味になります。よく使われることわざなので、その意味を正しくおぼえておきましょう。

(6)筆者の感想は、文章のさいごのほうでのべられることが多いので、この文章でも八段落に注目します。

● 20日　40・41ページ

1 (1)(れい)どろぼうが柿をたべたのだということ。

(2)―ほほう、・―カラスな

(3)㋐どろぼう　㋑カラス　㋒鳴き声

(4)―いんや、・―ふむ、い

(5)ウ

考え方

1 (1)すぐ前の文の「どろぼうは……くいちらかしたたねがいっぱい」などから考えます。答えはれいとしてしめしているので、言葉が少しちがっていても、正解《せいかい》とします。

(2)すぐあとに「―ほほう、柿の木の上になにかいるとおもえばカラスかい」とあり、引きつづいて、「―カラスならなくものじゃが……」と、あるじの言葉がつづいています。これは、あるじが柿の上にいるのが人(どろぼう)であるのを知りながら、「カラスかい」と言って、からかおうとしているのです。なお、文のはじめにある「―」は、会話文であることをしめす符号です。会話文によく使われる、かぎ(「　」)と同じようなものです。

(3)すぐあとに「どろぼうがいっしょうけんめいカラスになった」とあります。あるじに「カラスならなくものじゃが……人ならばぼうで

たたきおとしてやろう」とおどされて、どろぼうがカラスの鳴き声をまねたのです。

(4)今度《こんど》は、あるじに「―いんや……あれはサルじゃ」と言われて、どろぼうは「キャアキャアキッキ」とサルの鳴きまねをします。さらに、あるじに「―ふむ……あいつは、ゾウじゃ」と言われて、どろぼうはこまってしまいます。あるじにからかわれていることも知らずに、どろぼうが次々と動物のまねをさせられているところがおもしろいですね。

(5)このどろぼうがどんな人物か、文章中にちょくせつ書かれていることは少ないです。はじめのほうに「見るとあんまりつよそうなやつではない」があるくらいです。ですから、文章全体から考えるようにします。

●21日 42・43ページ

1 (1)㋐ウ ㋑エ ㋒ア

(2)(れい)ウサギをつかまえるチャンスがきたということ。

(3)それでもぼ

(4)「やった、

(5)イ

考え方

1 (1)この文章では、なんとかウサギをつかまえようとするみんなの動きやそのときの気持ちが、短い文でテンポよくえがかれています。㋐〜㋒もそれにあてはまります。それぞれ、前後の文に注意して、あてはまるものをえらびます。㋒は、あとの「頭がはんぶん、でかかっている」という、ウサギのにげだしそうな様子《ようす》から考えます。

(2)「つぎのしゅんかん、美佐子は……あみをひきだしていた」という次の文に注目します。美佐子は、ウサギをつかまえるチャンスをいかして、見事《みごと》にあみでつかまえたのです。

(3)「それでもぼくは、……ウサギをはなさなかった」という文に目をつけます。この少しあとに「気がつけば……」とあるところからも、「ぼく」がむちゅうになっていたことがわかります。

(4)前のほうの「やった!」は「ぼく」のつぶやきで、あとの「やった、やったァ。」に、みんなのよろこびが表れています。

(5)美佐子は、ウサギがにげたのは飼育当番であった自分のせきにんだと強く思っていました。それだけに、みんなで力をあわせて、ウサギをつかまえることができて、みんなにかんしゃしたい気持ちがわいてきたと思われます。

チェックポイント **登場人物《とうじょうじんぶつ》の人がら**

物語《ものがたり》に出てくる人が、それぞれどんな人物なのかを考えながら読むことが大切です。中心となる人物に気をつけながら、その人の様子や行動《こうどう》からその人がらをとらえて、ほかの人物との関係《かんけい》で、どう考えて、どう行動していったかを読み取ります。

●22日 44・45ページ

1 (1)高木さん

(2)三十メートルぐらいおくれて一人で登ってくる様子。(二十四字)

(3)㋐自分 ㋑友達 ㋒(れい)思いやり

(4)こんな高〜り過ぎた。

(5)ウ

考え方

1 (1)すぐあとの文に「高木さんの大声がぼくの耳に飛びこんできた」とあります。

(2)「そんな正男に」の「そんな」は、「こそあど言葉」です。だから、前のほうの文の中のどこを指しているかをつかんで、答えを作ります。

(3)健太は、「正男君、だいじょうぶか!」という高木さんの大声で、友達の正男君がおくれていることをはじめて知ったのです。それまでは自分が登ることだけを考えていて、友達を思いやることがなかったことをはずかしく思っています。

(4)ところどころに見える緑色の植物や風の音を

えがいている文があることで、高い所を登ってきている様子がよくわかります。
(5)「正男君、だいじょうぶか！」という高木さんの大声や、健太の「気にすんなよ……ゆっくり登ろうぜ」という言葉などから、みんなが正男君をはげましていることがわかります。

●23日 46・47ページ

1 (1)ほたる
(2)㋐木　㋑お祭り
(3)大きなぼたん雪のように
(4)イ・エ
(5)(れい)㋐ほたる　㋑明るく

考え方

1 (1)すぐあとの二つの文に注目《ちゅうもく》します。「あなたはだあれ。」としじみちょうがきくと、「ほたるです。」と、その虫は答えています。
(3)「〜ように」「〜ような」などのたとえを表す言葉に注目します。「楽しいお祭り」の場《ば》面《めん》に、木のまわりを飛びまわるちょうちょうたちの様子を「大きなぼたん雪のように」とたとえているところがあります。
(4)「……もうじきまっ暗になるから。」とため息をついたちょうちょうの言葉と、ほたるが花のなかにとまって木やそのまわりが明るくなった様子から考えてみます。
(5)「まるで小さいちょうちんが木にいっぱいともされたような」というたとえが、どんな様子を表しているかをそうぞうしてみましょう。「ちょうちん」は、明かりに使うむかしの道具です。それがいっぱいともされているようなのですから、ほたるの光で木全体がとても明るいことがわかります。

チェックポイント　たとえの表現《ひょうげん》

「まるで〜」「〜ようだ」「〜みたいだ」などの言葉は、たとえを表します。「雪のように白い」「まるで、灯《ひ》がついたようだ」のように表すと、様子がよくわかる文になるので、童話《どうわ》・物語《ものがたり》の文章ではよく使われます。どんな様子をたとえているかをそうぞうしながら読むことが大切です。

●24日 48・49ページ

1 (1)①(れい)色づいた草や木の実(九字)
②たねをつつんでいる皮や肉が、芽ばえをとめるはたらきをしているから。
(2)㋐とけてしまう(とける)　㋑から
㋒ふん　㋓鳥
(3)ア
(4)イ

考え方

1 (1)①前の段落《だんらく》に書かれている事《こと》がらを指しています。答えがわかったら、「こそあど言葉」の部分《ぶぶん》にあてはめて、文の意味が通じるかどうかをたしかめます。②すぐあとの「それは……からです」という理由をのべる言い方に気づきましょう。
(3)前の段落とのつながり方を考えます。前の事がらを言いかえたり、おぎなったりする言葉をえらびます。
(4)文章の内容をもっともよく表した見出しをえらびます。この文章の中心は、色づいた草や木の実をたべた鳥が、遠くまでとんでいき、ふんといっしょにたねをおとして、「そこでたねが芽ばえる」ということです。この内容にぴったり合うのはイの「鳥にはこばれるたね」ということになります。

●25日 50・51ページ

1 (1)二〜三か月
(2)イ
(3)(竹)太らないという点
(木)年々太くなっていく点
(4)でも、イネ〜りません。
(5)イ・エ

考え方

1 (1)段落ごとの大事な点を読み取ります。すぐあとの「マダケが一日に百二十一センチものびた」というのは、「一日」の「世界記録」のことなので、これは外します。次の段落にある

「二～三か月で生長しきってしまう」というのが、竹の生長する「期間」についてのべているので、「二～三か月」が答えになります。
(2)すぐあとに「……木ではありません」とあります。
(3)第三段落と第四段落をていねいに読みます。第三段落には、「竹」は「太らない」とあり、第四段落には、「木」は「年々太くなっていきます」とあります。
(4)同じ段落の中の、イネと竹のちがいについて説明した三つの文に注目します。
(5)この文章の中心になる事がらについての問いです。筆者も、読み手に問いかけの形でしめしています。筆者は、竹が「イネ科に分類されて」いることから、竹が「草」であることをいちおうみとめています。しかし、イネと竹とではたくさんのちがいがあることから、「竹は、木でも草でもない独特の植物」と結《けつ》論《ろん》づけているのです。

チェックポイント　文章の組み立て

段落と段落のつながりに気をつけて、文章の組み立てをつかむことが大切です。

説明文では、「はじめ」「中」「終《お》わり」という組み立てが多いものです。「はじめ」のところでは、筆者がこれから説明する話題《わだい》をしめしています。「…でしょうか」というような「問い」の形で話題をしめしていることもあります。「中」では、話題について具体《ぐたい》的《てき》なれいや事実《じじつ》をあげて説明しています。「問い」に対《たい》する「答え」として書いていることもあります。「終わり」は、全体《ぜんたい》のまとめなどが書いてあります。このような文章の組み立てに注意して読むようにします。

●26日　52・53ページ

1
(1)①㋐秋になって葉の落ちる木。
㋑イチョウ、カエデ、サクラ、ケヤキ
②㋐秋になっても、葉が緑色のままで、葉が落ちない木。
㋑ツバキ、クスノキ
(2)3(段落)～4(段落)
(3)そのため落～るのです。
(4)5(段落)～6(段落)
(5)常緑樹の木の葉は、水が少なくなると、自分から気孔をとじて、じょうはつをふせぐようにできているから。

考え方

1 (1)1段落に「落葉樹」の説明があり、2段落に「常緑樹」の説明があります。それぞれ、どのような木のことをいうのか、またどんな木があるのかを読み取って、答えを書きます。
(2)・(4)この文章は、六つの段落からなっています。段落と段落のつながりをよく考えます。1と2の段落は、それぞれ「落葉樹」と「常緑樹」についてのかんたんな説明です。3と4の段落では、「落葉樹」の木の葉が冬が近づくと落ちるわけをくわしく説明し、5と6の段落では、「常緑樹」が秋に木の葉を落とさなくてもすむわけなどを説明しています。だから、この3から6の段落が、この文章の中心部分といえます。
(3)・(5)4と5の段落の中に、それぞれ「そのため」ではじまっている文があることに着目します。「そのため」は、前の事がらがあとの事がらの原因《げんいん》・理由であることをしめすはたらきをするので、その前後の文にとくに注意をします。

●27日　54・55ページ

1
(1)富士山は、～きました。
(2)イ・ウ
(3)それでもだ～でしょう。
(4)イ

考え方

1 (1)五つめの段落に注目《ちゅうもく》します。「富士山は、まだできてから新しく」「……水でけずられにくかったため、いままで美しいすがたをたもってきました」とあります。
(2)二つめと三つめの段落に「大きな谷が十数本

できています」「……岩がくずれ、みぞが深くなっています」と、今の富士山のすがたが説明されているので、ウがあてはまります。また、四つめの段落で、火山でもふつうの山でも、長い時がたつと、自然《しぜん》の力でけわしいすがたにかわることがのべられているので、イがあてはまります。エの「富士山の噴火」のことは、あとのほうの段落で話題《わだい》になっていることなので、ここではあてはまりません。

(3)六つめの段落に「……おしまいにはしわだらけの低い山となってしまう」とのべてあります。これは、大昔からの富士山のすがたや噴火を調べてきた筆者の考え方で、これからの長い長い時間の流れを想定《そうてい》して言っていることに気をつけます。

(4)あとのほうの三つの段落の内容《ないよう》を正しくとらえます。

●28日 56・57ページ

1
(1)三(連)
(2)だれかが　ポンと
スイッチを入れたみたいに
(3)㋐長い冬　㋑花　㋒ぼく

2
(1)(一連)いちわ　(二連)にど
(三連)さんにん　(四連)よじ
(五連)ごかい　(六連)ろっぽん
(七連)ななつ　(八連)やっつ
(九連)きゅうかい　(十連)じゅっかい
(2)(一連)に　(二連)さん　(三連)し
(四連)ご　(五連)ろく　(六連)なな
(七連)やっつ　(八連)きゅう
(3)わん

考え方

1 (1)いくつのまとまりでできているかを考えます。ふつうの文章の場合は、一つ一つのまとまりを「段落《だんらく》」といいますが、詩の場合は「連」といいます。

(2)春になって、花がいっせいにひらく様子を、「だれかが　ポンと／スイッチを入れたみたいに」とたとえています。「ように」「みたいに」などは、たとえを表す言葉だとおぼえておきましょう。

(3)一連の「春になったら」「花が／いっせいにひらく」を受けて、三連では「長い冬が過ぎ」「いっせいに／ぼくのひらくような日が」となっていることに注目します。

2 (1)・(2)言葉遊びのような楽しい詩です。声に出して読むと、さらに楽しくなります。それぞれの行が、「いちわでも　にわとり」のように、上の言葉の中に「いちわ」という数を数える言葉が入っていて、下の言葉の中にも「に」という数字の言葉が入っています。しかも、「いちわ」でも「にわ」だとなるところがおもしろいと思います。

(3)下の言葉の中に、一つ上の数字(九連では「とう」)が入ることになります。でも、十連だけは「いち」にもどって、英語読《えいごよ》み(わん)になるところがおもしろいですね。

チェックポイント　詩の組み立て

連と連のつながりに気をつけて、詩の組み立てをつかみます。

詩の中のいくつかの行がまとまって一つの連となっていることが多いですが、一行でも一つの連になっていることもあるので、気をつけます。

連と連のつながりをとらえて、詩の組み立てを考えることで、詩の主題《しゅだい》がはっきりしてきます。とくにさいごの連に注目していくこともいいでしょう。

●29日 58・59ページ

1
(1)「あっ」
「早く早く　土にうえて」
(2)小鳥のくちばしみたいな
(3)春をおぼえていたのね
まるいからだのなかに
きっちりと
(4)ちゃいろの頭・まるいからだ
(5)五(連)
(6)イ

考え方

1 (1)一連の「あっ」は、あとに「と　小さな声がきこえた」とあるので、だれかの声（ここでは球根の声）が作者に聞こえたというようにとれます。一方、つくえの中に球根を入れていたのをわすれていた作者自身のおどろきの声ともとれます。球根が声を出すはずがないのですが、作者にはそう聞こえたということでしょう。三連の「早く早く　土にうえて」も同じです。

(2)べつのものにたとえる表現技法《ぎほう》は、詩や物語《ものがたり》によく出てくるので、気をつけます。

(3)ふつうとは言葉のじゅんじょをかえるのも、詩の表現技法の一つです。ここでは、「まるいからだのなかに／きっちりと／春をおぼえていたのね」となるのがふつうのじゅんじょといえます。ところが、詩では「春をおぼえていたのね／まるいからだのなかに／きっちりと」となっていて、はじめと終わりのところの印象《いんしょう》が強くなっています。

(4)チューリップの球根の色や形を思い出して、その様子がよくわかる言葉をえらびます。二連の「小鳥のくちばし」と、三連の「草色の…」は、球根の芽の様子を表しているので、ここでは外します。

(5)・(6)さいごの五連に注目します。「春をおぼえていたのね」は、二連の「芽をのぞかしている」、四連の「すこしあったかい」を受《う》けて言っています。つくえの中にわすれられていた球根であるにもかかわらず、春になって芽を出そうとする生命力に、作者は感動しているのです。

チェックポイント　詩の表現技法

詩では、いろいろと表現のくふうがされています。次のような表現の方法を知って、詩を味わいましょう。

たとえ…べつのものにたとえることで、様子や感じを生き生きと表す。

擬人法《ぎじんほう》…人間以外のものを、人間のことのようにたとえる。

倒置法《とうちほう》…言葉のじゅんじょをぎゃくにして、印象を強める。

くり返し…同じ言葉をくり返し、感動を強めたり、リズムを作ったりする。

● 30日 60・61ページ

1 (1)①おい三年よ
いっしょに四年になりたいか

②三年よ
また二年から
ちびさんたちがあがってくるよ

③そろそろいくぞ
なくなよ三年

(2)四年なったら六時間目があるぞ
あひる当番もきついぞ

(3)㋐二　㋑三　㋒三　㋓四

(4)イ

考え方

1 (1)はじめの「おい」というよびかけや、文末《ぶんまつ》の「よ」「か」「ぞ」に着目《ちゃくもく》します。

(2)これも、文末に「ぞ」という、意味を強めたり、ねんをおしたりするときに使う言葉があることに着目します。

(3)二連の内容《ないよう》をよく読んで、あてはまる漢数字を入れます。

(4)一連では、「三年」から「四年」になると、「六時間目」があり、「あひる当番」があってきついぞとおどかしています。二連では、「二」から「三」を書くのはかんたんだが、「三」から「四」を書くのはむずかしいように、「四年」はきついぞ、と数字の形のちがいをもちだしているのが、おもしろいといえます。

● 進級テスト 62〜64ページ

1 (1)ヒト

(2)二本足では、地面をける力は四本足の半分の力しかだせないから。（三十字）

(3)イ

(4)四（つ）

(5)空いているうでと手で、ヒトはほかのサルにはできないことをはじめたこと。

❷ (1)のなかに

(2)㋐町　㋑大きな　㋒世界　㋓神さま

考え方

❶ (1)第《だい》三段落《だんらく》よりあとでは「ヒトの祖先は」「ヒトは」というように、「ヒト」と言いかえた言葉が出てきます。これは、今のわたしたちは「人間」と書き表し、昔の人間の祖先は「ヒト」とかたかなで書き表して、その動物としての面がはっきりするようにしたものと考えられます。

(2)同じ段落のさいごの文に着目《ちゃくもく》します。

(3)第三段落をていねいに読んで答えます。今のわたしたちが食べているものと、「そのころのヒトの祖先」が食べていたものがちがうことに注意します。そして、この段落のさいごの文に着目して、正しい答えをえらびましょう。

(4)第四、五段落に注目《ちゅうもく》します。二本足で歩くことの有利な点として、第四段落では体力が少なくてすむこと、暑くならずにすみ、つかれないこと、遠くを見わたすことができて、えさも敵もさがしやすくなること、の三つをあげています。第五段落では、「空いているうでと手で」、「ほかのサルにはできないこと」をはじめたことを、あげています。ですので、全部《ぜんぶ》で「四つ」というのが答えになります。

(5)二本足で立つことにより、空いたうでと手で道具を使い、作るようになっていくことで、「ヒト」はだんだん進歩していくことになります。だから、第五段落に出てくる「空いているうでと手で」、ほかのサルにできないことをはじめたという点が、もっとも大切なことになります。

❷ (1)同じような言い方のくり返しによって、詩にリズムが生まれていることを感《かん》じましょう。

(2)一連は、いちばん小さい「はち」から「お花」「お庭」「土べい」「町」「日本」「世界」「神さま」とだんだん大きなものになり、二連では、はじめにもどって、「そうして、そうして、神さまは、／小ちゃなはちのなかに。」となっていて、見方がかわるおもしろさがあります。

メモ